과학 영재로 만들어 주는 창의 팡팡 발명 놀이

생각하기
상상하기
도전하기

여러분의 반짝이는 아이디어로 이 책을 완성해 보아요.

글 조지아 앰슨-브래드쇼

어린이책 작가이자 편집자로 활동 중이다. 영국 왕립협회 청소년 도서상 수상작인 <Eye Benders> 시리즈, 런던 과학 박물관과 공동 제작한 《과학자처럼 생각하고 실험하는 과학 놀이》 등 어린이 과학책 집필에 참여해 주목을 받았다. 이 밖에 《플라스틱 지구》, 《세상에 도전한 위대한 여성들》을 썼다.

그림 해리엇 러셀

런던에서 일러스트를 공부한 뒤, 2001년부터 일러스트레이터로 활발하게 활동하고 있다. 쓰고 그린 책으로는 《사과가 하얗다고?》, 《엘리너와 독수리》, 《봉투》 등이 있고, 《과학자처럼 생각하고 실험하는 과학 놀이》, 《수학 천재로 만들어 주는 흥미진진한 수학 놀이》, 《융합 인재로 만들어 주는 창의 탄탄 미술놀이》에 그림을 그렸다.

옮김 김은영

서울대학교 자연과학부에서 지구시스템과학을 전공하고 동대학원에서 고생물학을 공부했다. 지금은 과학을 쉽고 재미있게 전달하기 위해 글을 쓰고 번역하고 있다. 쓴 책으로는 《미션키트맨 2》가 있고, 《과학 없는 과학》, 《세상을 바꾼 수학》, 《지식이 번쩍! Creativity Book_깜짝 발명》, 《진짜 진짜 재밌는 과학 그림책》, 《뱅! 어느 날 점 하나가》 등을 우리말로 옮겼다.

과학 영재로 만들어 주는 창의 팡팡 발명 놀이

글 조지아 앰슨-브래드쇼 I 그림 해리엇 러셀 I 옮김 김은영
초판 1쇄 발행일 2020년 1월 10일 I 개정판 2쇄 발행일 2022년 4월 10일
펴낸이 유성권 I 편집장 심윤희 I 편집 송미경, 김세영, 남휘영, 이수빈 I 표지 디자인 천현영 I 본문 디자인 원상희
마케팅 김선우, 강성, 최성환, 박혜민, 김민지, 김단희 I 홍보 김애정 I 제작 장재균 I 관리 김성훈, 강동훈
펴낸곳 (주)이퍼블릭 I 출판등록 1970년 7월 28일(제1-170호)
주소 서울시 양천구 목동서로 211 범문빌딩 I 전화 02-2651-6121 I 팩스 02-2651-6136
홈페이지 www.safaribook.co.kr I 카페 cafe.naver.com/safaribook
블로그 blog.naver.com/safaribooks I 페이스북 www.facebook.com/safaribookskr
ISBN I 979-11-6637-031-1 73400

This book thinks you're an inventor
Copyright ©2020 by Thames & Hudson Ltd, London
Produced in association with SCIENCE MUSEUM ®SCMG

Text by Georgia Amson-Bradshaw
Ilustrations by Harriet Russell
Design by Belinda Webster
With special thanks to Jon Milton

All rights reserved.

Korean translation copyright ©2020 by E*PUBLIC KOREA Co., Ltd(Safari)
This edition is published by arrangement with Thames & Hudson Ltd, London through KidsMind Agency, Korea.

이 책의 한국어판 저작권은 키즈마인드 에이전시를 통한 저작권자와의 독점 계약으로 (주)이퍼블릭(사파리)에 있습니다.
저작권법에 의해 한국 내에서 보호를 받는 저작물이므로 무단 전재와 복제를 금합니다.

* Printed and bound in China
* All photographs ©Science Museum/Science & Society Picture Library

과학 영재로 만들어 주는 창의 팡팡 발명 놀이

글 조지아 앰슨-브래드쇼 | 그림 해리엇 러셀 | 옮김 김은영

이 세상에 발명가가 없다면 어떨까요? 아마 컴퓨터, 항생제, 바퀴처럼 우리 삶에 꼭 필요한 물건이나 향기 나는 지우개같이 기발한 물품을 사용할 수 없었겠지요. 이처럼 발명가는 없어서는 안 될 매우 중요한 사람들이랍니다. 그럼 발명은 똑똑하고 특별한 사람만 할 수 있냐고요? 전혀 아니에요! 조금 엉뚱하더라도 새로운 것을 생각하길 좋아한다면 누구든 발명가가 될 수 있답니다. 또한 기존의 물건을 어떻게 하면 더 쉽고 편리하게 사용할 수 있을까 고민하는 것이 바로 발명의 첫걸음이랍니다. 자, 이제 책장을 넘겨 신나는 발명 놀이를 시작해 볼까요?

차례

시작하기

나는 어떤 발명가일까? 6
문제 해결하기 8
나만의 도구 상자 만들기 10
발명 돌림판 12
기기 부수기 14

놀라운 재료

집 안에서 재료 찾기 16
플라스틱 재활용 18
종이의 변신 20
새콤달콤한 과학 22
도전! 꼬마 공학자 24

이동 수단

달팽이처럼 움직이기 26
왕자 구출 작전 28
자동차 개조하기 30
새처럼 날기 32
책으로 만드는 기계 34

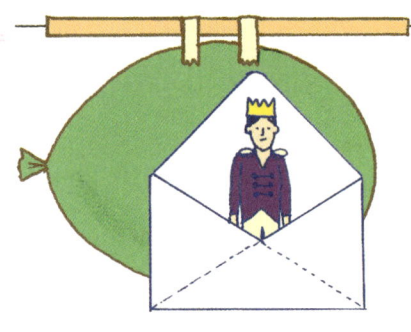

집에서 발명하기

다양한 식사 도구 36
미래 기술 창안자 38
나도 천재 발명가 40

인공 지능과 로봇

도우미 로봇 설계하기 42
순서대로 움직이기 44
로봇처럼 생각하기 46

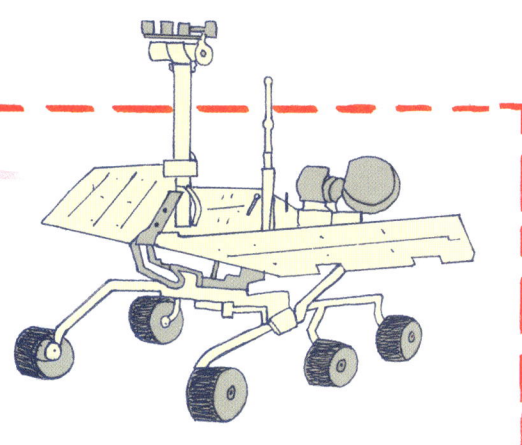

건설

인간 구조물 만들기 48
초고층 종이 건물 50
다리 놀이 52

인류와 지구 구하기

바람으로 기계 움직이기 54
지구를 지켜라 56
보지 않고 읽기 58
플라스틱과의 대결 60

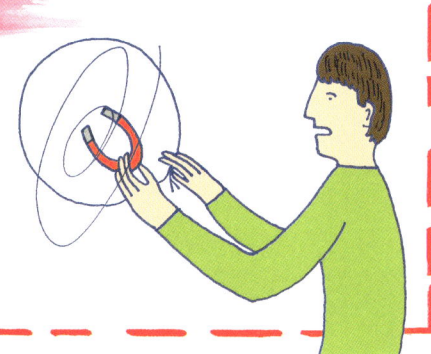

나만의 발명 실험실

잘라 내고, 접고, 붙이면서 발명의 원리를 배워요! 62
정답 96

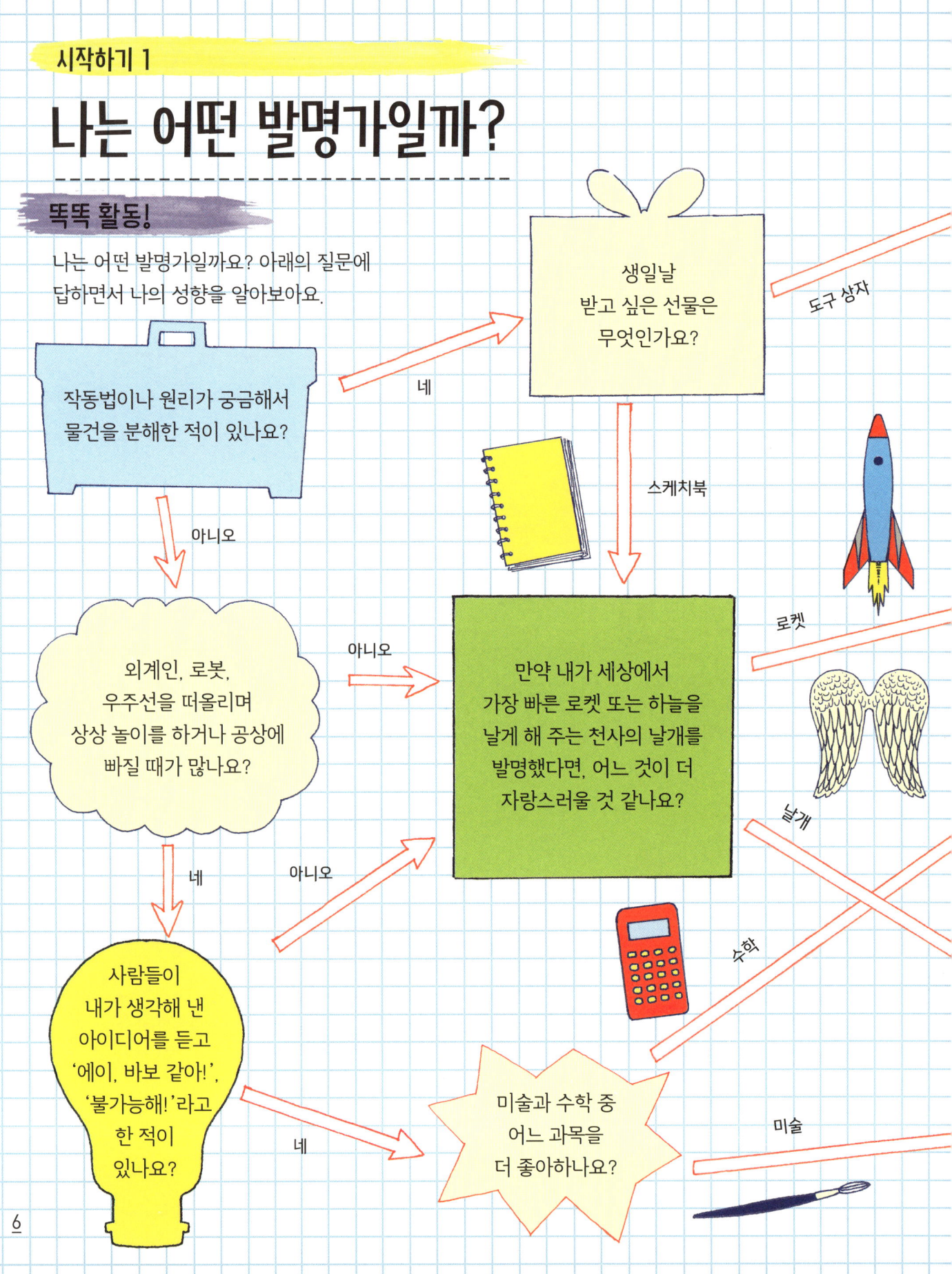

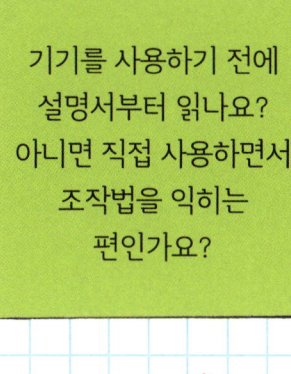

기기를 사용하기 전에 설명서부터 읽나요? 아니면 직접 사용하면서 조작법을 익히는 편인가요?

직접 사용하며 익힌다.

설명서를 읽는다.

과정을 즐긴다.

짜증을 낸다.

어떤 일을 실패했을 때 짜증을 내는 편인가요? 아니면 그 과정을 즐기는 편인가요?

다큐멘터리

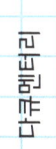

사실적인 다큐멘터리와 공상 과학 영화 중 무엇을 더 좋아하나요?

공상 과학 영화

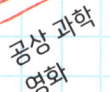

직접 실천하는 현실적인 행동가

나는 무언가를 직접 만들고 설계하는 일을 좋아해요. 자신의 발명품이 제대로 작동하는지 확인하는 일을 가장 즐거워하지요. 세계 최초로 동력 비행기를 만든 미국의 라이트 형제가 대표적인 행동가예요. 라이트 형제는 몇 년 동안 자전거, 모터 등 여러 기계들을 깊이 연구해 동력 비행기 설계와 비행에 필요한 기술을 갈고닦았고, 모형 비행기까지 만들어 200회 이상 실험했답니다.

완벽을 추구하는 꼼꼼한 개선가

나는 무언가를 완벽하게 해내고, 일을 마치 놀이처럼 즐거워해요. 어떤 제품의 부족한 점이나 잘못된 점을 빠르게 파악하며, 수십 가지 개선 방법을 바로 떠올릴 만큼 명석한 두뇌를 가졌지요. 이러한 재능은 보다 가벼운 경주용 자전거를 개발한다거나 수영복의 저항을 최소로 줄이는 법을 연구하는 스포츠 공학 분야에서 빛을 발할 거예요.

마음껏 상상하는 창의적인 공상가

나는 현실에 없는 완전히 새로운 것을 상상하고, 그 과정에서 창의적인 발명을 해내요. 그 발명품을 어떻게 만들고 작동시킬지는 잘 모르지만요! 일반 상식의 틀에서 벗어나 새로움과 변혁을 추구하는 타입이지요. 대표적인 공상가인 레오나르도 다 빈치는 헬리콥터가 본격적으로 개발되기 수백 년 전에 이미 회전 날개가 달린 헬리콥터를 구상해 스케치를 남겼답니다.

시작하기 2

문제 해결하기

똑똑 활동!

나를 짜증 나게 하는 일들을 떠올려 보아요.

외출하려고 하면 집 열쇠가
사라지고 없어요.

부모님이 방을 깨끗이 치우라고
잔소리해요.

강아지가 자꾸 큰 소리로
짖어요.

이 문제를 해결하려면 무엇을 발명해야 할까요? 이런 건 어때요?

휘파람을 불면 곧장 달려오는
바퀴 달린 열쇠고리

어질러져 있는 물건을 천장에서
한꺼번에 빨아들이는 청소기

강아지가 짖는 소리를 아름다운
노래로 바꿔 주는 입마개

물론 이 발명품들이 가장 합리적인 해결 방법은 아니에요.
자, 이제 내가 생각하는 해결 방법을 써 볼까요?
내가 생각해 낸 발명품을 아래 빈칸에 그리고 이름과 사용법을 적어 보아요.

발명품 이름 : ....

발명품 사용법 : ....
....

발명품 이름 : ....

발명품 사용법 : ....
....

기발한 발명품

통조림은 나폴레옹 전쟁 때 프랑스군이 유리병에 음식을 담아 밀봉하여 저장한 병조림으로부터 시작되었어요. 이후 1810년 영국의 피터 듀란드가 주석 깡통으로 밀봉 용기를 만들었지요. 하지만 당시에는 음식을 보존하는 용기만 신경 쓰고, 통에서 음식을 꺼내는 데에는 별 관심이 없었어요. 처음에는 뾰족한 끌이나 망치로 두드려 통조림을 땄는데, 그럴 때마다 음식이 엉망진창이 되기 일쑤였지요. 1855년 영국의 로버트 예이츠가 갈고리 모양의 따개를 발명하면서 이 문제가 해결되었답니다.

시작하기 3

나만의 도구 상자 만들기

이 돌멩이는 무엇일까요?

 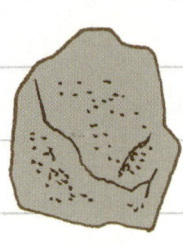 

그냥 '돌'이라고 대답했나요? 안됐지만 틀렸어요. 이것은 300~350만 년 전 먼 옛날에 우리 조상들이 발명하고 사용한 석기랍니다. 현생 인류인 호모 사피엔스 사피엔스가 등장하기 훨씬 전이었지요!

이 친구는 루시예요. 초기 인류인 오스트랄로피테쿠스 아파렌시스인데, 돌로 이런 석기들을 만들어 사용했어요.

안녕, 내 이름은 루시야. 이 석기는 꽤 쓸모가 많아. 난 이걸로 농사를 짓고, 요리를 하고, 개도 산책시키지.

선사 시대의 석기는 자르거나 내리치는 기능만 있었어요.
오늘날에는 갖가지 기능이 있는 수많은 도구들이 발명되어 편리하지요.

똑똑 활동!

9쪽을 펼쳐 내가 발명한 물건을 다시 한번 살펴보아요. 그 발명품들을 만들려면 어떤 도구가 필요할까요? 필요한 도구를 아래 상자 안에 그려 보아요. 잠깐! 그 전에 도구를 어떻게 구입할지 정해요.

 **쉬운 방법**

인터넷에서 필요한 도구들을 검색해요. 예를 들어 플라스틱을 가공하거나 금속을 자르려면 어떤 도구와 기계가 필요할까요?

 **매우 어려운 방법**

필요한 도구를 내가 직접 만들어요. 도구 제작에 필요한 재료가 무엇인지 생각한 다음, 이 재료를 자르고 다듬을 도구를 떠올려 보아요.

나만의 도구 상자

시작하기 4

발명 돌림판

똑똑 활동!

첫째

63쪽에 있는 발명 돌림판을 오려요. 돌림판 한가운데에 연필을 꽂으면 팽이처럼 돌아가지요.

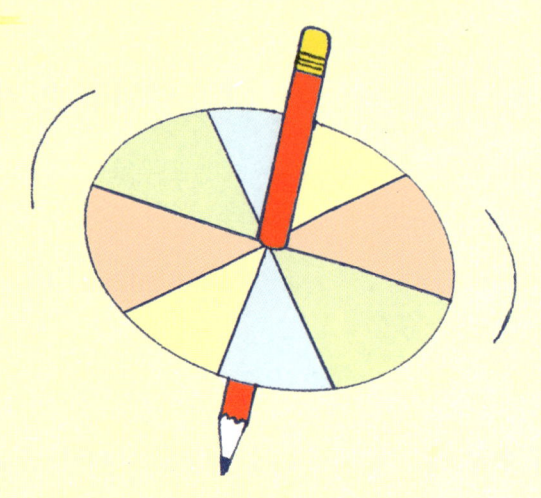

둘째

발명 돌림판을 여러 번 돌려요. 돌림판이 멈출 때마다 기울어져 바닥에 닿은 부분의 낱말을 아래 빈칸에 차례로 그려 보아요.

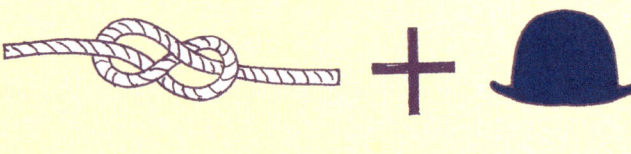

셋째

돌림판이 가리킨 낱말들로 만들 수 있는 발명품을 떠올려 보아요. 예를 들어 모자와 밧줄이 나왔다면, 밧줄을 돌돌 감아 모자를 만들 수 있지요. 그러다 밧줄이 필요하면 모자를 다시 풀면 된답니다!

발명 돌림판이 가리킨 낱말을 그린 뒤 발명 아이디어를 적어 보아요.

넷째

발명 아이디어 가운데 마음에 드는 것을 아래 빈칸에 자세히 그리고 설명을 덧붙여요.

기발한 발명품

오늘날 전 세계 사람들은 수백 가지 발명품이 합쳐진 '이것'과 늘 함께해요. 바로 스마트폰이지요! 스마트폰은 휴대 전화에 컴퓨터의 여러 기능을 추가한 지능형 단말기예요. 화면의 특정 명령어 부분에 손을 대면 바로 실행되는 터치스크린이 탑재되어 있고, 원하는 응용 프로그램도 설치할 수 있지요. 이 작은 기기 안에 카메라, 음악 재생기, 인터넷 브라우저, 지도, 알람 시계, 달력, 앨범, 메모장, 게임기까지 엄청 많은 발명품이 들어 있답니다.

시작하기 5

기기 부수기

내 안에 잠자고 있는 괴물 본능을 일깨워

물건을 부숴요!

똑똑 활동!

첫째

분해해도 되는 오래된 기기가 있는지 부모님께 물어보아요. 더는 사용하지 않는 텔레비전 리모컨이나 아무도 거들떠보지 않는 라디오 같은 거 말이에요.

기기 안에 부품이 몇 개나 들어 있을까요?
이 부품들은 재활용할 수 있을까요?

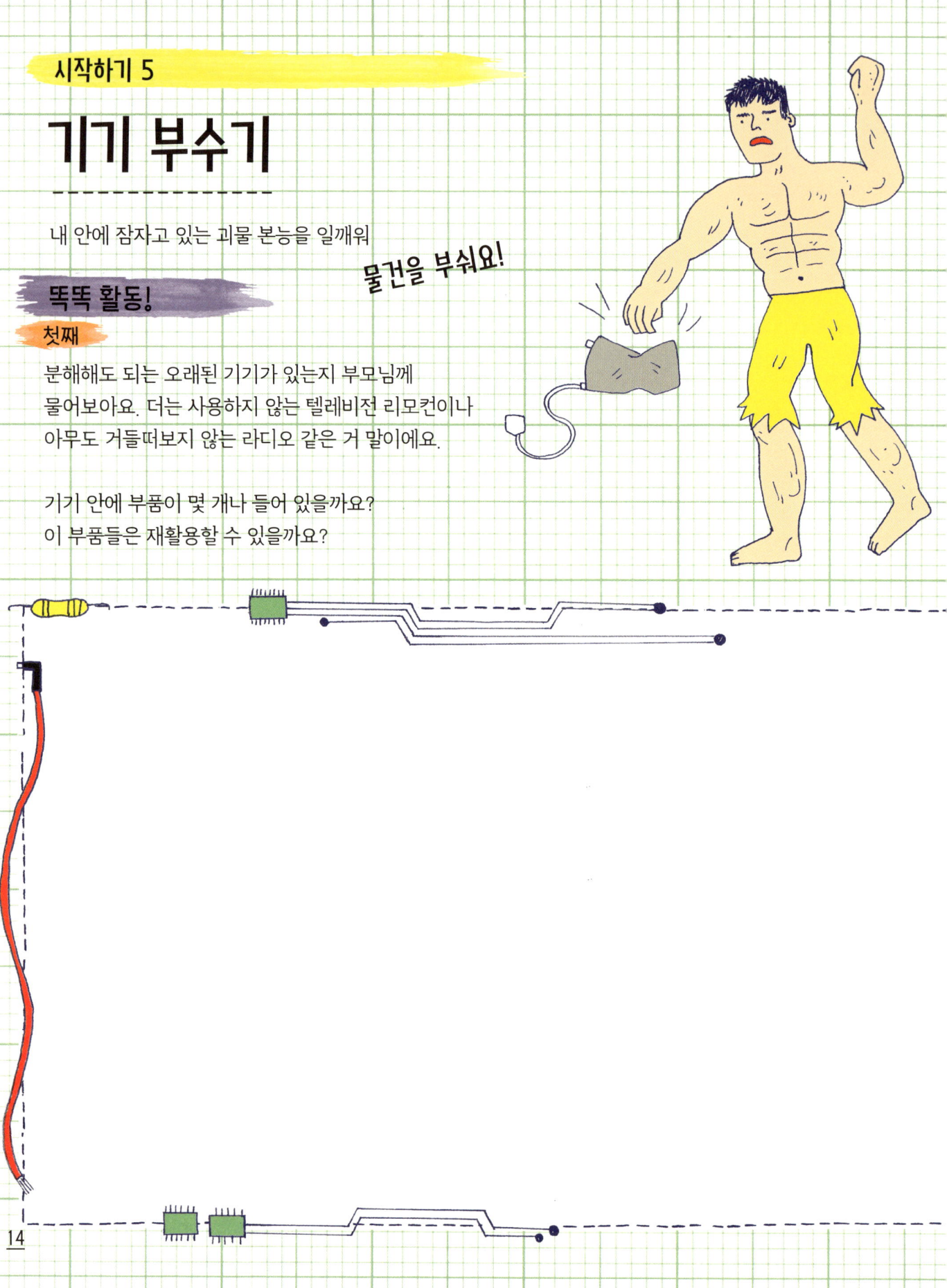

기발한 발명품

기기나 물건을 분해해 안에 무엇이 들어 있는지 세밀하게 분석하는 일을 '역설계'라고 해요. 발명가들이 실제로 많이 하는 일이지요. 오늘날 많은 회사들이 경쟁 회사의 제품을 분해해 어떤 부품을 사용했고 어떤 원리로 작동되는지 확인한 다음, 이 정보를 바탕으로 더 나은 제품을 만든답니다.

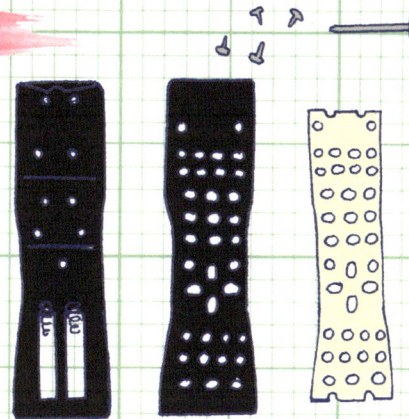

둘째

오래된 기기를 조심조심 분해해요.
기기 안에 들어 있는 부품들을 아래 빈칸에 하나씩 그려 보아요.

★ 특급 경고 ★

기기를 분해하기 전에 반드시 어른의 허락을 받아야 해요.
그리고 절대 부품을 자르거나 배터리를 분해해서는 안 돼요!
또한 분해한 기기는 다시 조립하지 말고, 날카로운 부품에
베이거나 다치지 않도록 조심 또 조심하세요!

놀라운 재료 1

집 안에서 재료 찾기

초콜릿으로 주전자를 만들면 과연 쓸모가 있을까요?
아마 주전자에 뜨거운 차를 가득 채우는 순간,
순식간에 초콜릿이 녹아내릴 거예요.
이처럼 아무리 기발한 발명품이더라도 적합한 재료로
만들지 않으면 아무 의미가 없지요. 쓰임새에 맞는 강도,
무게 등을 고려해 재료를 선택해야 한답니다.

똑똑 활동!

집 안에서 구할 수 있는 재료를 있는 대로 적어 보아요.
이 재료들로 어떤 제품을 만들고 싶은가요?

재료 ....

만들고 싶은 제품과 그 이유

....
....
....

재료 ....

만들고 싶은 제품과 그 이유

....
....
....

재료 ....

만들고 싶은 제품과 그 이유

....
....
....

재료 ....

만들고 싶은 제품과 그 이유

....
....
....

기발한 발명품

과학자들은 기존에 없는 새로운 재료를 발명하기도 해요. 1965년 미국의 화학자 스테파니 퀄렉은 철보다 5배 강한 섬유 '케블라'를 발명했어요. 질기고 열에 강해서 방탄복의 주재료로 사용되고 있지요. 물리학자 안드레 가임과 콘스탄틴 노보셀로프는 2004년에 신소재 '그래핀'을 발견해 2010년 노벨 물리학상을 수상했어요. 그래핀은 몇 억 개를 모아야 머리카락 굵기가 될 정도로 얇지만, 단단하고 신축성이 좋아 구부러지는 휴대 전화, 초소형 의료 로봇 등을 만들 수 있답니다!

이 밖에 과학자들이 발명한 다른 멋진 재료들을 소개할게요.

새우 껍데기와 거미줄 성분으로 만든 생분해성 플라스틱

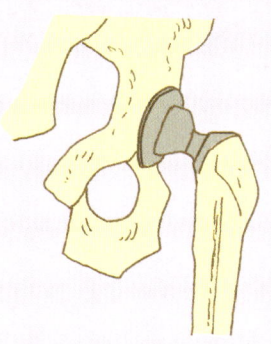
인조 뼈 제작에 사용되는 발포 티타늄(이 주변에서 새 뼈가 자라요.)

해초 성분으로 만든 먹을 수 있는 플라스틱(빨대의 재료로 쓰여요.)

똑똑 활동!

새로운 재료를 상상해 이름을 짓고, 재료의 특성과 쓰임새를 적어 보아요.

놀라운 재료 2

플라스틱 재활용

플라스틱은 정말 환상적이에요! 아주 가볍고 튼튼한 데다 가격도 싸서 다양한 용도로 사용할 수 있거든요. 그래서 전 세계적으로 널리 쓰이고 있지요.

그런데 한 가지 커다란 문제가 있어요. 플라스틱은 사용량이 매년 엄청나게 증가하는 반면에, 수백 년이 지나도 썩지 않다 보니 심각한 환경 오염을 일으키기 때문이에요.

우리는 반드시 플라스틱 사용을 줄여야 해요. 무엇보다 이미 사용 중인 플라스틱 제품을 아무 데나 버리지 말고 재활용하려는 노력이 중요하답니다.

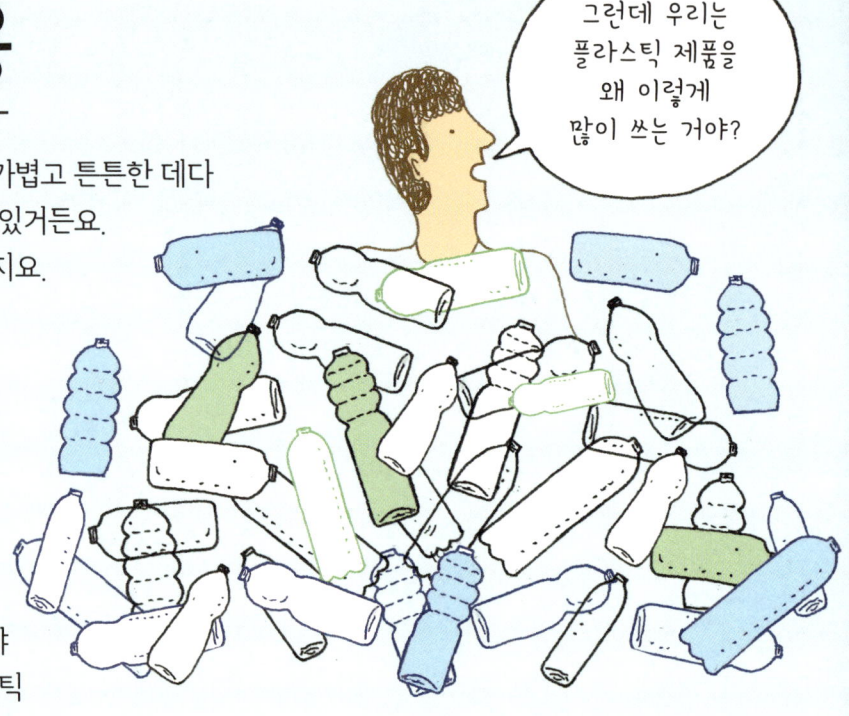

똑똑 활동!

플라스틱 페트병을 재활용할 수 있는 다양한 방법을 생각해 보아요.
이런 방법들은 어떨까요?

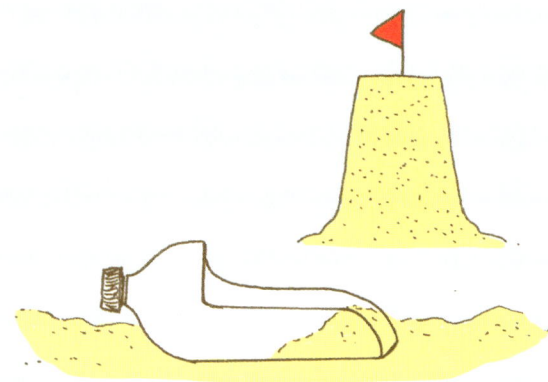

옆면을 길게 잘라 내 모래나 흙을 뜨는 삽으로 사용해요.

반으로 잘라 윗부분은 깔때기, 아랫부분은 화분으로 써요.

페트병 안에 콩이나 팥을 채워 악기를 만들어요.

옆면을 둥글게 잘라 낸 뒤 곡물을 채워 높은 곳에 걸면 훌륭한 새 모이통 완성!

자, 이제 내 차례예요! 나만의 페트병 발명품을 아래 빈칸에 그려 보아요.

놀라운 재료 3

종이의 변신

자, 이제 발명의 요령을 터득했나요?
발명은 이미 존재하고 있는 무언가를 더 낫게
고치거나 새로운 용도를 찾아내는 것에서
시작된다는 사실 말이에요.
그럼 종이의 새로운 용도를 찾아볼까요?

똑똑 활동!

종이로 만들 수 있는 발명품을 아래 빈칸에 그려 보아요.

종이의 특성과 용도를 떠올려 보아요.
무엇을 만들 때 쓰면 좋을까요?

기발한 다른 아이디어가 필요한가요? 그럼 이런 건 어때요?

아야! 엉덩이가 종이에 베였어!

으으음, 이게 왜 작동이 안 되지? 완전히 먹통이네.

종이 속옷

종이 컴퓨터

종이 자전거

똑똑 활동!

65~68쪽에 있는 종이로 나의 아이디어를 시험해 보거나 모형을 만들어 보아요.

기발한 발명품

종이는 약 2000년 전 중국에서 처음 발명되었어요. 나무껍질, 넝마, 헌 어망 등을 물에 담가 불려 절구로 짓이긴 뒤 체에 걸러 말리는 방식이었지요. 이후 종이 제조법은 나날이 발전을 거듭했고, 종류도 다양해졌어요. 종이는 많은 양을 일시에 생산할 수 있고, 휴대하기 간편하며, 값도 싸서 굉장히 다양한 분야에서 사용되고 있답니다. 1960년대에는 종이옷이 크게 유행했는데, 특히 알록달록한 밝은 문양이 인쇄된 드레스가 인기를 끌었지요. 종이옷은 가격이 매우 쌌지만, 불편하고 불이 잘 옮겨붙었어요. 결국 종이옷은 얼마 못 가 금세 사라졌답니다!

놀라운 재료 4

새콤달콤한 과학

재료의 특성에 대해 좀 더 이야기해 볼까요?
'특성'이란 일정한 사물에만 있는 특수한 성질을 말해요.
예를 들면 종이가 물에 젖을 때, 나무가 불에 탈 때,
냄비가 식을 때 종이, 나무, 냄비 같은 사물이 각각
어떻게 반응하는지를 나타내는 것이지요. 발명품을
구상하고 제작할 땐 무엇보다 재료의 고유한 특성을
파악하는 것이 중요하답니다.

똑똑 활동!

박하사탕, 초콜릿, 비스킷, 마시멜로 같은
새콤달콤 맛있는 간식을 종류별로 준비해요.
그리고 각각의 간식을 작은 그릇이나 컵에
조금씩 넣은 다음 찬물을 부어요.

30분 뒤 용기 안에 든 내용물을 잘 저은 뒤,
다시 30분 동안 가만히 두어요. 이제 1시간 동안
물에 담가 둔 각 간식들의 겉모양과 질감을
살펴볼까요? 어떻게 변했는지 아래 빈칸에 적어요.

간식의 종류				
간식의 질감				
물에 흠뻑 젖은 간식의 질감				

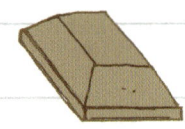    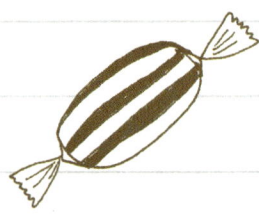

똑똑 활동!

사각형의 얼음 틀을 준비해서 깨끗이 닦아요. 각 칸에 꿀, 초콜릿 시럽, 과일 주스, 딸기 잼, 비스킷, 젤리 등을 조금씩 담은 뒤 얼음 틀을 냉동실에 넣어요.

30분, 1시간, 24시간이 될 때마다 틀에 담긴 재료를 확인해 보아요. 먼저 겉모양을 살피고, 포크나 젓가락으로도 찔러 보아요. 시간이 지날수록 질감이 어떻게 변하는지 자세히 적어요.

재료의 종류와 질감				
30분 뒤 질감				
1시간 뒤 질감				
24시간 뒤 질감				

자, 이제 아래의 상황과 조건에 알맞은 재료는 무엇인지 생각해 보아요.

비가 많이 오는 나라에 집을 지으려면?

북극의 소형 풀장엔 물 대신 무엇을 넣어야 할까?

놀라운 재료 5

도전! 꼬마 공학자

공학자는 어떤 일을 하는 사람일까요?

기계, 톱니바퀴, 엔진을 다루는 사람인가요?

아니면 전선, 플러그, 전기를 다루는 사람인가요?

모두 맞아요. 하지만 공학자들은 이 외에도 정말 다양한 분야에서 활동하고 있어요. 예를 들어 토목 공학자는 도로, 다리, 건물 등을 설계하고 지어요.

정보 공학자는 컴퓨터, 소프트웨어, 로봇 등을 전문적으로 연구하지요.

섬유 공학자는 새로운 섬유를 개발하거나 기존의 섬유로 새로운 제품을 만들어요. 의료 공학자는 금속 같은 재료로 의료 기기를 설계하고 인공 장기를 개발하지요. 화학 공학자는 새로운 연료, 식재료, 약을 연구한답니다. 정말 대단하죠?

똑똑 활동!

이제부터 머리카락의 특성을 연구하는 공학자가 되어 가족이나 친구들의 머리를 독특하면서도 재미있는 형태로 만들어 보아요.

머리카락 문어

머리카락을 여덟 부분으로 나누어 각각 땋은 뒤 정수리에서 한데 묶어요. 땋은 여덟 가닥의 머리마다 손쉽게 꼬거나 구부릴 수 있는 철사 끈 '모루'를 감은 다음 머리에서 뻗어 나온 것처럼 매만져요. 이제 정수리 부분을 빗으로 빗어 최대한 부풀려 세워서 문어 머리 모양을 만들어요. 끝으로 알록달록한 컬러 스프레이를 뿌리고 문어 눈을 달면 머리카락 문어 완성!

유니콘의 뿔

두꺼운 판지를 말아 원뿔 형태를 만든 다음 원뿔 꼭대기에 구멍을 내요. 정수리의 머리카락을 조금 집어 높이 올려 묶은 뒤, 원뿔을 씌워서 머리카락을 구멍으로 빼내요. 빼낸 머리카락을 사방으로 펼쳐 원뿔을 완전히 덮은 뒤, 머리카락 끝을 정수리 부근에서 실핀으로 고정시켜요. 마지막으로 남은 머리카락을 뒷머리 위쪽에서 묶어 유니콘의 꼬리처럼 늘어뜨려요.

똑똑 활동!

번뜩이는 아이디어로 두 사람의 머리를 멋지게 꾸며 보아요.

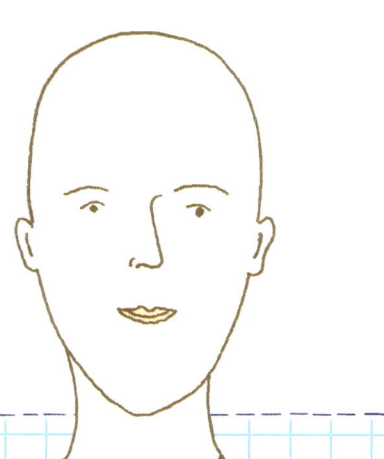
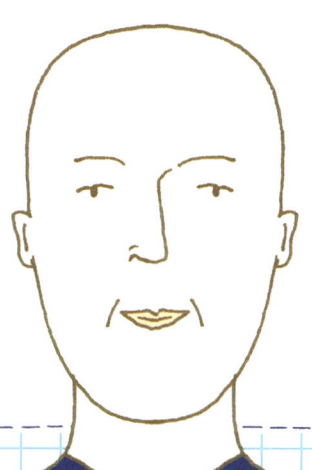

이동 수단 1
달팽이처럼 움직이기

인간은 굉장히 많은 능력을 타고나지만, 혼자 힘으로 멀리까지 움직이거나 이동하는 것에는 한계가 있어요. 예를 들어 맨몸으로는 새처럼 하늘을 날 수 없고, 물고기처럼 오랜 시간 물속에서 헤엄칠 수도 없지요. 반면 벼룩은 무려 키의 100배 높이까지 뛰어오를 수 있고, 송골매는 시속 390km로 빠르게 날아요. 심지어 바실리스크 도마뱀은 물 위를 뛰어갈 수도 있답니다!

우아, 마술을 부리는 것 같네!

똑똑 활동!

닮고 싶은 동물의 능력을 떠올려 보아요. 달팽이처럼 벽에 딱 달라붙어 이동하는 능력은 어떨까요? 이 능력을 가지려면 어떤 발명품이 필요할까요?

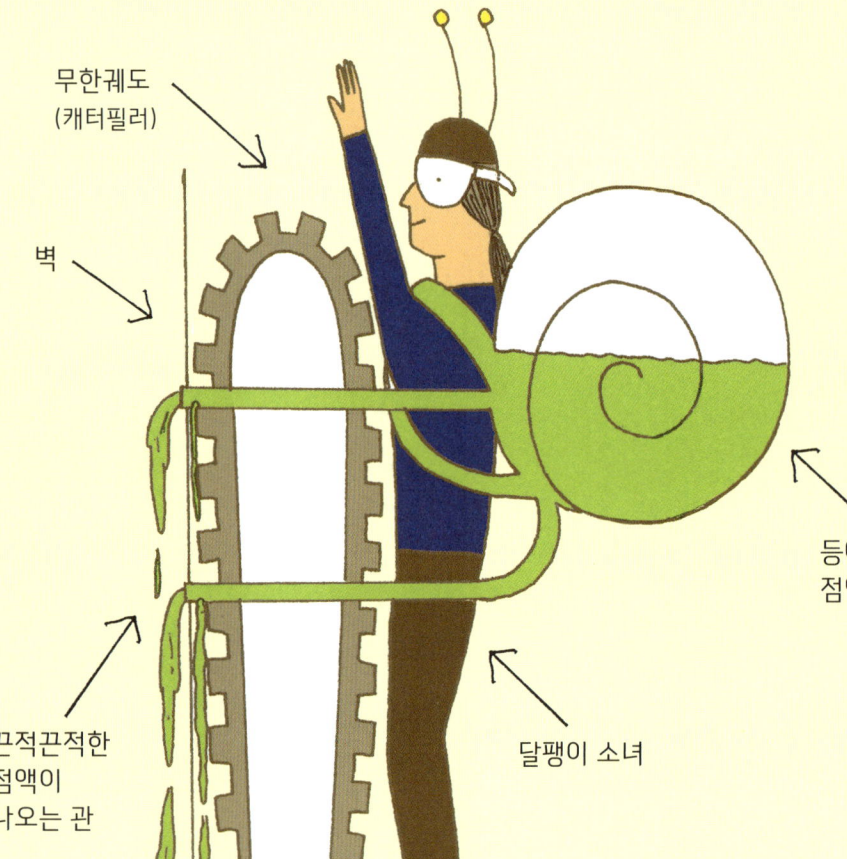

- 무한궤도 (캐터필러)
- 벽
- 끈적끈적한 점액이 나오는 관
- 달팽이 소녀
- 등에 메는 점액 보관통

*무한궤도 : 차바퀴의 둘레에 강판으로 만든 벨트를 걸어 놓은 장치. 탱크, 불도저 등에 이용된다.

똑똑 활동!

아래 빈칸에 동물의 재주를 흉내 낸 나만의 이동 수단을 그리고 이름을 지어 보아요.

기발한 발명품

동식물의 특성을 연구해서 따라하거나, 자연에서 볼 수 있는 디자인적 요소들을 흉내 내 새로운 발명품을 만드는 일을 '생체 모방'이라고 해요. 영국의 디자이너인 피오나 페어허스트는 꺼끌꺼끌한 상어 비늘에서 아이디어를 얻은 첨단 소재 '패스트 스킨'으로 보다 빨리 헤엄칠 수 있는 전신 수영복을 개발했지요. 하지만 이 수영복은 선수들의 수영 속도를 불공정하게 높여 주기 때문에 올림픽 경기 때 입을 수 없답니다.

이동 수단 2
왕자 구출 작전

앗, 위험해요! 불을 뿜는 무시무시한 용이 왕자를 쫓고 있으니 얼른 성 안으로 도망쳐요! 그런데 성문과 연결된 도개교가 꼼짝도 하지 않네요. 누가 위험에 빠진 왕자를 구해 줄 수 있을까요? 왕자가 해자(성 주위를 둘러 판 못)를 건너 무사히 성 안으로 들어갈 수 있는 방법을 생각해 보아요. 어서 서둘러요. 그러지 않으면 왕자가 용에게 붙잡힐 테니까요!

똑똑 활동!

69쪽에 있는 왕자, 성, 용을 오린 다음 방 한쪽에는 용을, 다른 한쪽에는 성을 세워요. 이제 방을 가로질러 왕자를 성까지 안전하게 데려다줄 방법을 생각해 보아요.

풍선 케이블카 만들기

1. 긴 끈을 준비해 방 한쪽에 세워 둔 의자나 문손잡이에 묶어요.

2. 끈에 빨대를 꿴 다음 다른 한쪽 끝을 방의 맞은편에 있는 가구나 창틀에 고정시켜요.

3. 풍선을 분 뒤 공기가 빠져나오지 않도록 주둥이 부분을 꽉 잡아요. (다음 과정을 준비하기 위해. 다른 사람에게 풍선 주둥이를 잡아 달라고 부탁해요.)

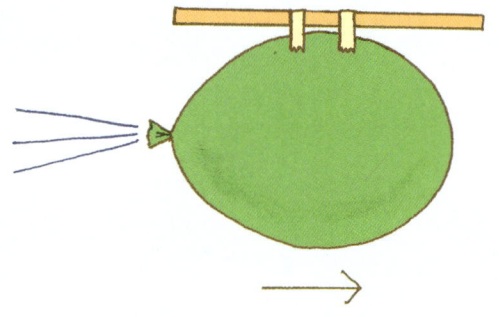

4. 풍선 주둥이가 용이 있는 쪽을 향하도록 빨대에 풍선을 셀로판테이프로 붙여요.

5. 왕자를 넣은 카드 봉투를 풍선에 붙여요. 풍선 주둥이를 잡은 채 용이 있는 쪽으로 최대한 가까이 끌어당겨요. 이제 풍선 속 공기가 빠져나오도록 풍선 주둥이를 놓아요. 쉬이익! 과연 왕자는 성까지 안전하게 도착할 수 있을까요?

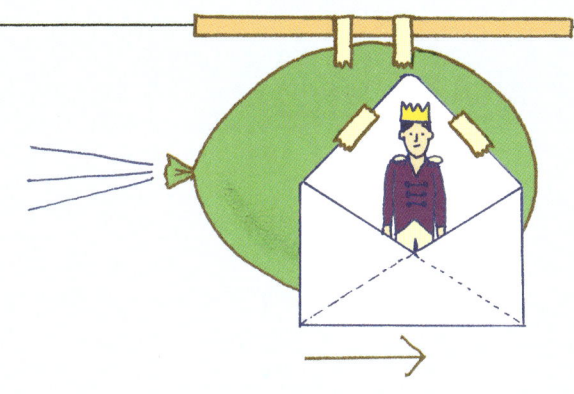

왕자 전용 투석기 만들기

1. 아이스크림 막대 다섯 개를 층층이 쌓은 뒤 고무줄로 양쪽 끝을 묶어 기단을 만들어요.

2. 아이스크림 막대 두 개를 모아 한쪽만 고무줄로 묶어요. 이 막대가 투석기예요.

3. 투석기와 기단이 십자 형태로 엇갈리도록 투석기 사이에 기단을 놓아요.

4. 투석기와 기단이 겹치는 부분을 고무줄로 감아 고정해요.

5. 아래 그림처럼 플라스틱 숟가락을 투석기의 위쪽 막대에 고무줄로 묶어요.

6. 왕자를 작은 돌멩이처럼 무게가 나가는 물체에 묶어요.

7. 왕자를 숟가락의 오목한 부분에 놓아요. 왕자가 움직이지 않게 조심하면서 숟가락을 바닥까지 꾹 눌러 내려요.

8. 이제 손을 놓아 왕자를 성까지 휙 날려요!

기단   투석기

이동 수단 3

자동차 개조하기

가까운 미래에는 운전자 없이 자동차 스스로 주행 환경을 인식하여 목적지까지 운행하는 '자율 주행 자동차'가 널리 보급될 거예요. 그럼 운전자는 도로를 살피고 핸들을 조작하는 대신, 편하게 쉬거나 영화를 보는 등 원하는 것을 마음껏 하며 목적지까지 갈 수 있답니다!

똑똑 활동!

자율 주행 자동차 안에 설치하고 싶은 것을 그리고 이름을 지어 보아요.

쿨쿨 잘 수 있는 침대?

마음껏 먹고 마실 수 있는 스낵바?

컴퓨터와 텔레비전, 리모컨은 어떤 게 좋을까요?

이동 수단 4

새처럼 날기

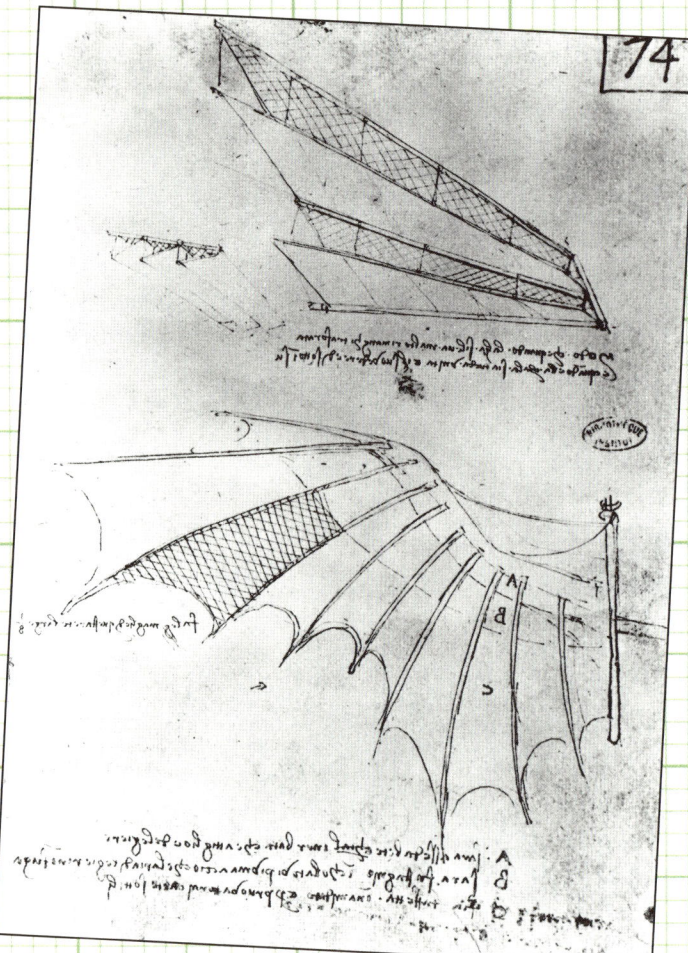

레오나르도 다 빈치는 이탈리아의 유명한 예술가이자 발명가예요. 그가 아기였을 때 매가 요람 위로 날아갔는데, 그날 이후 다 빈치는 새의 날개를 모방한 다양한 비행 기계를 발명하게 되었다고 해요.

하지만 안타깝게도 그가 설계한 '접는 날개'로는 전혀 날 수 없답니다.

다 빈치는 설계도와 일기를 작성할 때 보안을 위해 암호를 이용하거나 글자를 거꾸로 적었어요.

다 빈치는 이 밖에도 거북의 등딱지를 본뜬 원뿔형 철갑 탱크, 헬리콥터와 꼭 닮은 비행 기계, 돼지 가죽으로 만든 잠수복, 도르래로 움직이는 로봇 기사, 피아노와 바이올린을 합친 악기 '비올라 오르가니스타(viola organista)' 등을 발명했답니다.

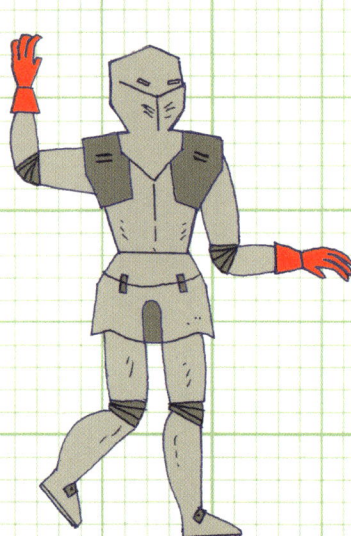

기발한 발명품

다 빈치는 글라이더도 발명했어요. 글라이더는 엔진이나 프로펠러 같은 추진 장치 없이 바람의 힘 또는 자신의 무게를 이용해 비행하는 항공기예요. 글라이더와 비행기의 날개는 '에어포일' 형태로, 윗면은 둥글게 휘어지고 한쪽은 아래로 기울어져 있답니다.

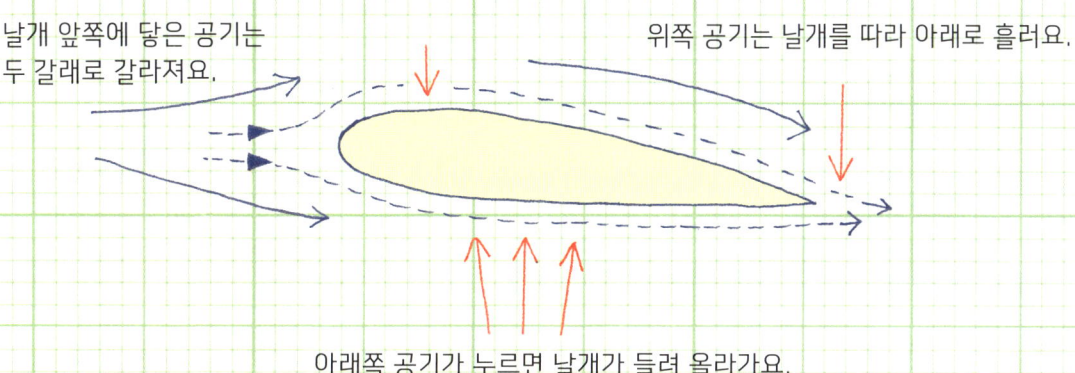

공기가 비행기 날개에 닿으면 위 그림처럼 두 갈래로 갈라져 이동해요. 위쪽으로 간 공기는 둥글게 휘어진 부분을 따라 흐르다가 끝에 다다르면 자연스럽게 아래로 휘어지지요. 이렇게 비행기가 날 때 날개 뒤에서 일어나는 공기의 흐름을 '세류'라고 해요. 이 세류 때문에 비행기의 날개 앞쪽이 위로 들리는 것이랍니다.

똑똑 활동!

아래 빈칸에 나만의 새로운 비행 기계를 설계하고 그려 보아요. 에어포일 이론과 동물에게서 얻은 아이디어를 합치면 쉬울 거예요.

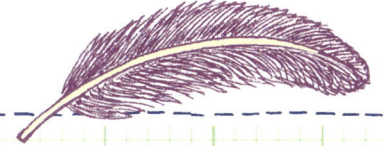

71~74쪽에 있는 전개도를 오려 재미있는 비행 기계를 만들어 보아요.

이동 수단 5

책으로 만드는 기계

지금 보고 있는 이 책을 기계로 바꿀 수 있을까요?
책을 조각조각 자른 뒤 톱니바퀴를 만들어 붙이면
움직이는 기계가 될까요?

아니면 책에 전선을 연결하여
전기를 흘려보내면 어떨까요?

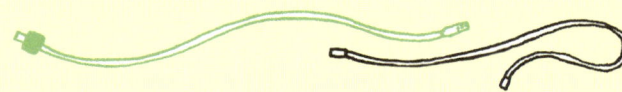

사실 이 책을 기계로 바꾸기
위해 복잡한 작업을 할 필요는
전혀 없답니다. 정말이에요!

아래 그림처럼 그냥 책을 기울이기만 하면 돼요.

뭐라고요?

과학 영재로 만들어 주는 창의 팡팡 발명 놀이

뭐야, 이게 끝이라고? 아무리 봐도 기계처럼 안 보이는데?

34

이건 밀거나 당기는 힘을 키워 주는 기계예요.
바로 '경사로'지요.

경사로

경사로는 비스듬히 기운 빗면의 원리를 이용한, 세상에서 가장 간단한 기계예요. 무거운 상자를 트럭 짐칸에 옮겨 싣는 장면을 떠올려 보아요. 상자를 번쩍 들어 올리려면 매우 힘들지만, 널빤지나 철판을 트럭 짐칸에 걸쳐 경사로를 만들면 조금만 힘을 주어도 밀어 올릴 수 있답니다. 물론 경사로를 이용하면 그냥 들어 올릴 때보다 더 먼 거리를 움직여야 하지만, 힘이 덜 들고 훨씬 수월하지요.

지렛대

지렛대도 막대의 한 점을 받치는 받침점을 중심으로 물체를 움직이는 아주 간단한 기계예요. 지렛대에 직접 힘을 주는 '힘점', 막대를 받치는 '받침점', 지렛대가 물체에 힘을 미치는 '작용점'으로 구성되어 있지요. 대표적인 예가 시소예요. 지렛대는 작용점에서 받침점까지의 거리가 짧을수록 적은 힘으로 무거운 물체를 들어 올릴 수 있답니다.

똑똑 활동!

이 책을 경사로나 지렛대로 활용해 물건을 옮겨 보아요.

집에서 발명하기 1

다양한 식사 도구

아래 세 가지 물건 가운데 '기술'로 만든 것은 무엇일까요?

세 가지 다 '기술'로 만들어졌어요! 기술은 과학 이론을 적용해 사물을 우리 생활에 쓸모 있게 만드는 방법이나 도구, 관련 지식 모두를 말해요. 컴퓨터 안에는 전자 회로를 이용해 다양한 데이터를 처리하는 기술이 들어 있고, 책은 문자·종이·인쇄 등 수많은 기술의 집합체이며, 칼은 원하는 대로 물체를 자를 수 있는 도구지요. 우리는 이러한 기술 덕분에 문제를 해결하고 일을 더 쉽게 할 수 있답니다.

똑똑 활동!

포크나 숟가락을 밥 먹을 때 말고 또 어디에 쓸 수 있을까요?
내가 떠올린 활용법을 아래 빈칸에 적어 보아요.

식사 도구는 문화나 지역에 따라 다르며 각기 다양하게 발전했어요.

한국, 중국, 일본 등 아시아에서는 젓가락을 써요.

서양에서는 음식을 먹을 때 주로 나이프와 포크를 이용해요.

아프리카 동부에 위치한 에티오피아에서는 음식과 함께 얇은 팬케이크가 많이 나와요. 팬케이크를 동그랗게 말아 삽처럼 음식을 떠먹는답니다.

똑똑 활동!

집 안에서 숟가락이나 포크 대신 쓸 수 있는 도구를 찾아보아요.
음식을 먹으려면 어떤 형태와 재질이 좋을까요?

집에서 발명하기 2
미래 기술 창안자

아래 물건들은 아주 오래 전 기술로 만들어졌어요.
각각의 이름을 맞혀 보아요.

A

B

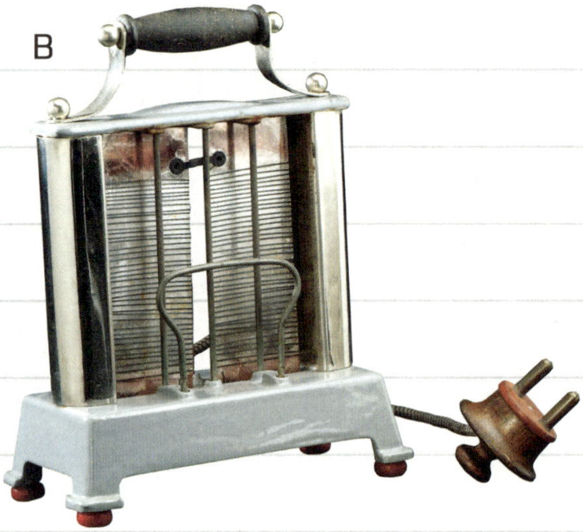

C

D

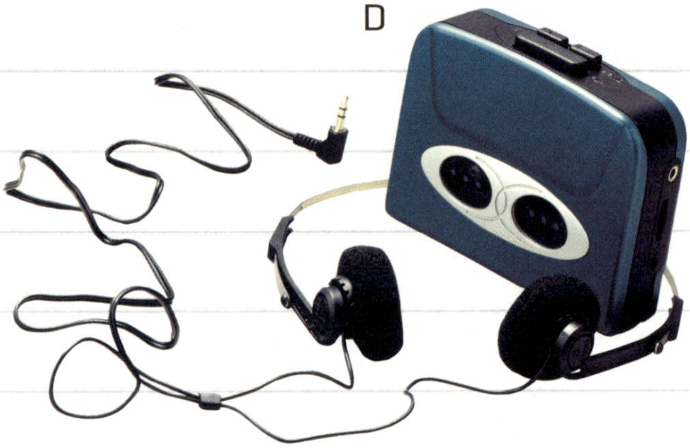

*정답은 96쪽에 있어요!

아마 이 물건들을 보는 순간 케케묵은 것들이라고 생각했을 거예요. 하지만 처음 등장했을 땐 그야말로 정말 새롭고 기발한 발명품이었답니다. 아마 지금 내가 쓰고 있는 물건들도 미래에 다양한 신기술이 등장하는 순간, 아주 오래되고 낡은 유물처럼 보일 거예요.

똑똑 활동!

어떤 물건이나 방법을 처음 생각해 낸 사람을 '창안자'라고 해요. 모든 사람들이 하나쯤 집에 두고 싶어 하는 놀라운 제품을 창안해 볼까요?

기발한 발명품

오늘날 가정에서 널리 쓰이는 제품 대부분은 여성이 개발했답니다. 1886년 미국의 평범한 주부 조세핀 코크런은 식기세척기를 발명했고, 플로렌스 파파트는 1914년에 최초로 전기를 사용하는 냉장고를 만들어 특허권을 땄어요. 1919년에는 앨리스 파커가 가스를 이용한 중앙난방 시스템을 만들었지요.

미국의 여성 기업가 조이 망가노는 주부로서 느꼈던 불편을 해소하기 위해 두 가지 제품을 개발했어요. 바로 손을 대지 않고 물기를 짤 수 있는 회전형 걸레와 벨벳을 감아 옷이 흘러내리지 않는 옷걸이였답니다.

집에서 발명하기 3

나도 천재 발명가

지금껏 내가 한 일 가운데 가장 대단했던 것은 무엇인가요?
또 가장 자랑스러웠던 일은요? 아무리 생각해도 전혀
떠오르지 않는다면, 지금이 바로 기회예요. 아래의 어린이 발명가처럼
명예의 전당에 이름을 올릴 수 있도록 노력해 보아요!

프랭크 에퍼슨은 열한 살 때
막대 아이스크림을 발명했어요.

조지 니선은 열여섯 살 때
트램펄린을 발명했어요.

미국의 정치가이자 과학자인
벤자민 프랭클린은 열한 살 때
오리발을 발명했답니다.

지금도 많은 어린이들이 장난감, 과자, 스포츠 용품 등 다양하고 재미있는 발명품을 계속 만들고 있어요. 이 가운데 상당수가 제품으로 개발되어 큰 성공을 거두었답니다.

똑똑 활동!

새로운 과자, 장난감, 게임기 등을 발명해 보아요.
빈칸에 나만의 아이디어를 자유롭게 쓰고 그려요.

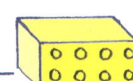
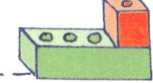

똑똑 활동!

멋진 아이디어가 떠올랐나요?
발명품에 걸맞은 이름과 로고도
생각해서 아래 빈칸에 그려요.

인공 지능과 로봇 1

도우미 로봇 설계하기

반드시 해야 하지만 정말 귀찮은 일들을 떠올려 보아요. 방 청소? 양치질? 숙제?
이 모든 일을 대신 해 주는 만능 도우미 로봇이 있다면 얼마나 좋을까요?

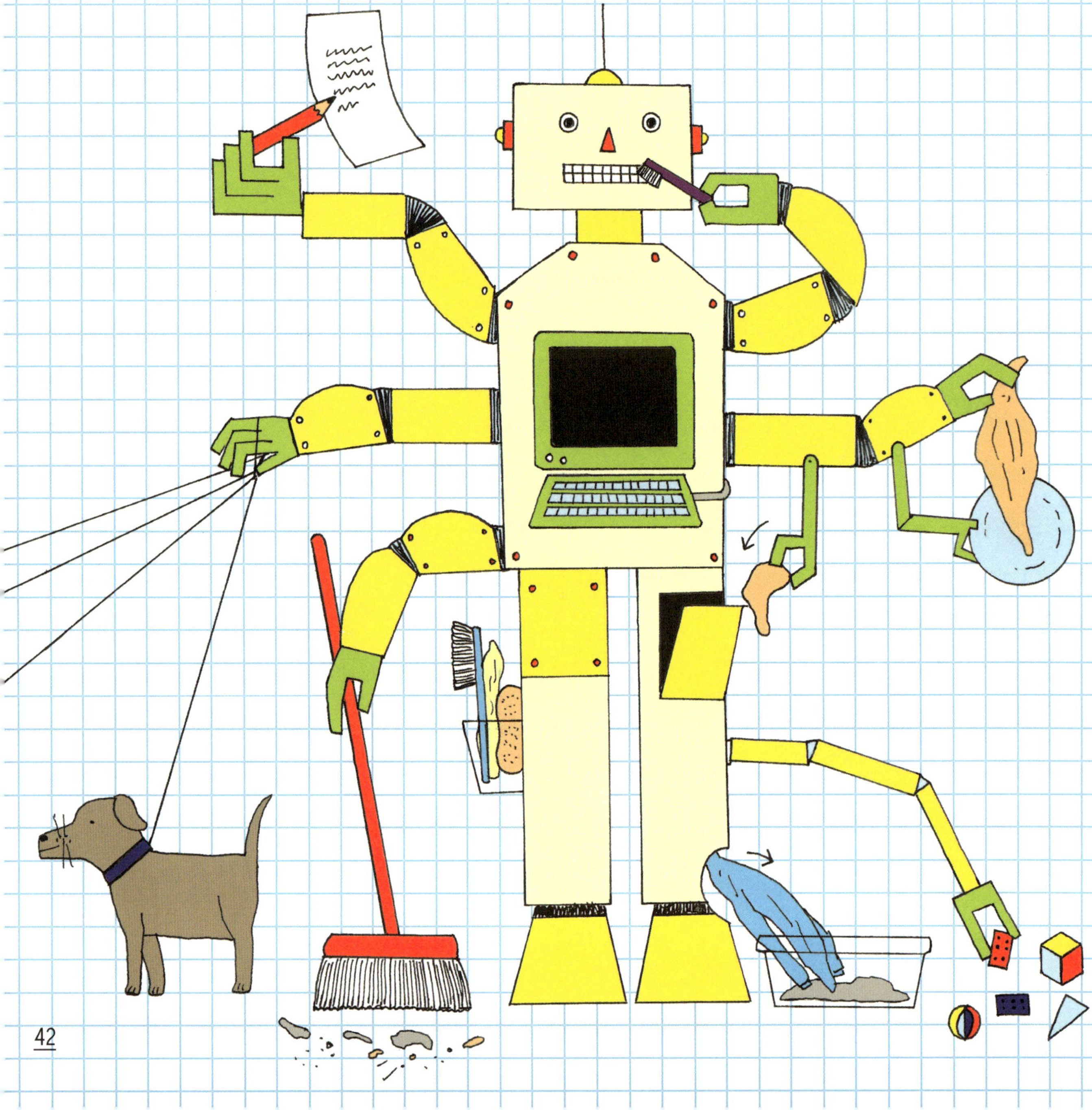

기발한 발명품

로봇은 사람들이 하기 싫어하는 반복적이고 위험한 일을 대신하기 위해 개발된 기계예요. 로봇은 주변 상황에 스스로 반응하여 자동으로 작업하는 기능을 가졌어요. 과거에는 주로 조립, 용접, 운반 등 산업 현장에서 이용되었는데, 최근에는 폭탄 탐지, 우주 탐사, 화재 진압 같은 특수 목적으로도 사용되고 있답니다.

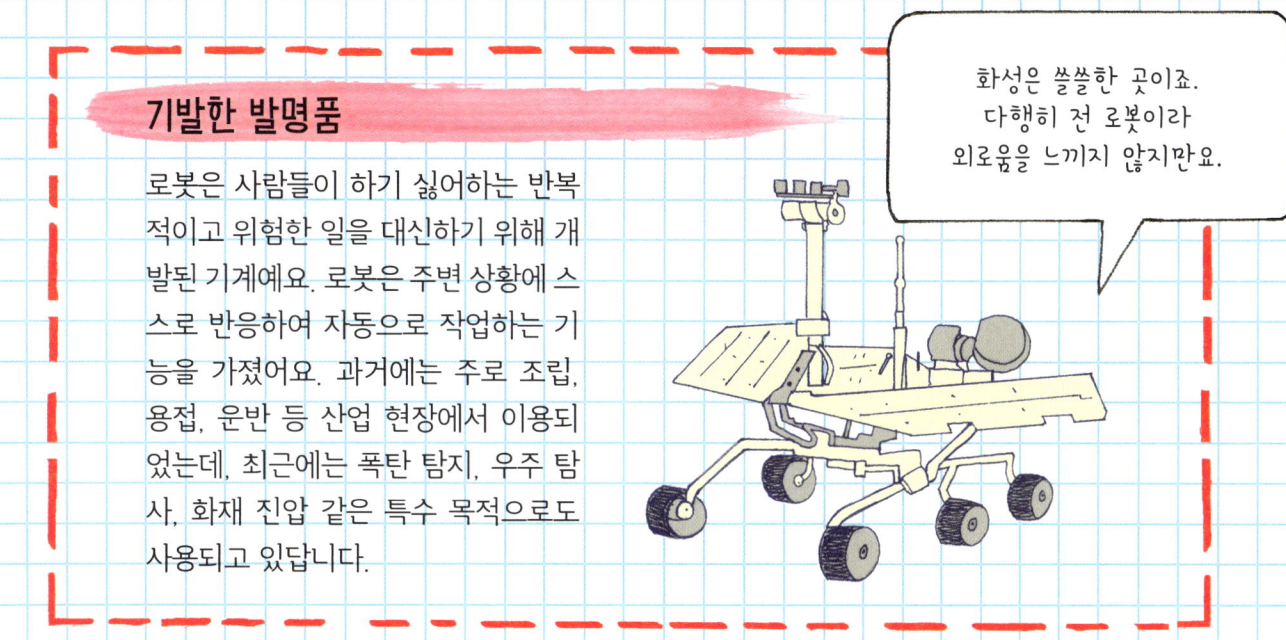

화성은 쓸쓸한 곳이죠. 다행히 전 로봇이라 외로움을 느끼지 않지만요.

똑똑 활동!

내가 하기 싫은 일을
대신 해 줄 로봇을 그리고,
로봇의 이름과 기능을
적어 보아요.

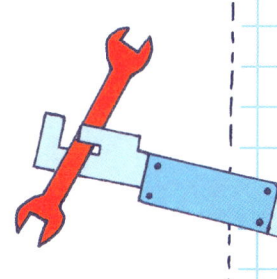

인공 지능과 로봇 2
순서대로 움직이기

잼 샌드위치를 만드는 순서가 뒤죽박죽이에요! 조리법을 바로잡아 보아요.

똑똑 활동!
첫째

A부터 F까지 조리법을 차근차근 읽은 뒤 요리 순서를 머릿속에 기억해요.
그런 다음 정확한 순서대로 45쪽의 빈칸에 알파벳을 적어 보아요.

A. 잼을 바른 식빵 위에 나머지 식빵 1조각을 올려놓고 살짝 눌러 모양을 잡아요.

B. 잼을 뜬 버터나이프로 식빵의 평평한 면에 잼을 고루 발라요.

기발한 발명품

컴퓨터, 로봇, 인공 지능 시스템은 정해진 알고리즘에 따라 작동해요. '알고리즘'은 컴퓨터가 해야 할 일을 정확한 순서대로 나열해 만든 일종의 작업 지시서랍니다. 이 지시서는 내용이 매우 분명하고 순서도 정확해야 해요. 왜냐하면 컴퓨터는 사람과 달리 어떤 일에 대한 경험이나 배경 지식이 없어서 순서가 잘못되거나 명령이 엉망이어도 전혀 눈치채지 못하기 때문이에요.

C. 버터나이프를 꺼내
주방용 집게에 고정해요.

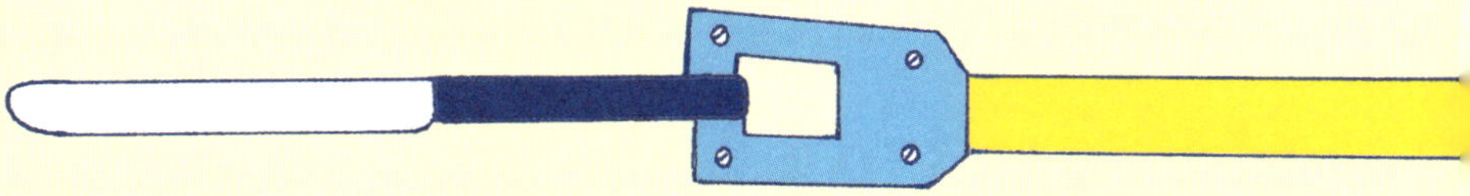

D. 버터나이프를 잼병에 넣어
잼을 조금 떠요.

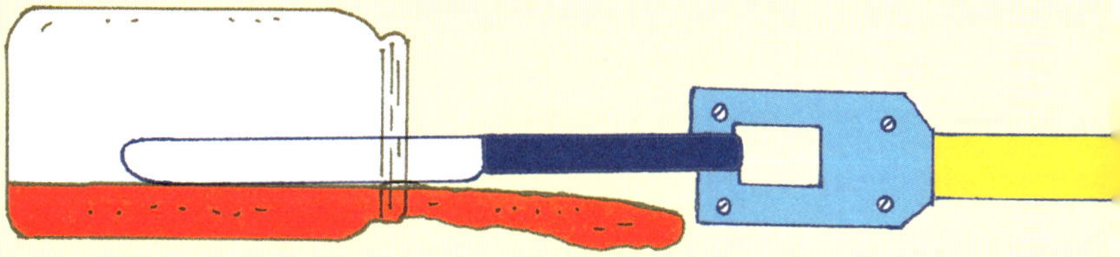

E. 식빵 2조각을 준비해요.

F. 잼병의 뚜껑을 반시계 방향으로 돌려 열어요.

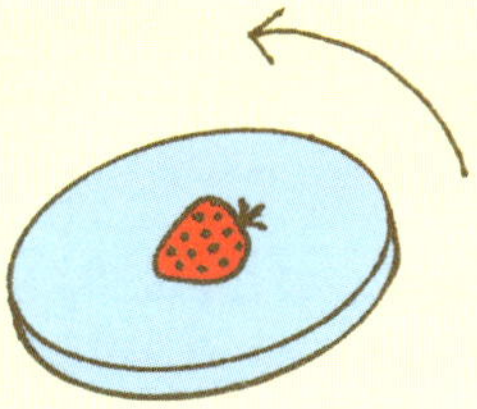

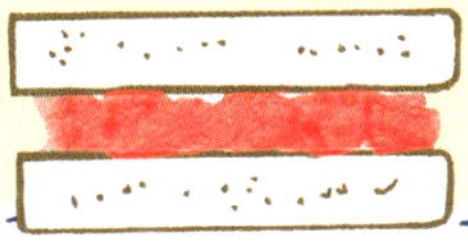

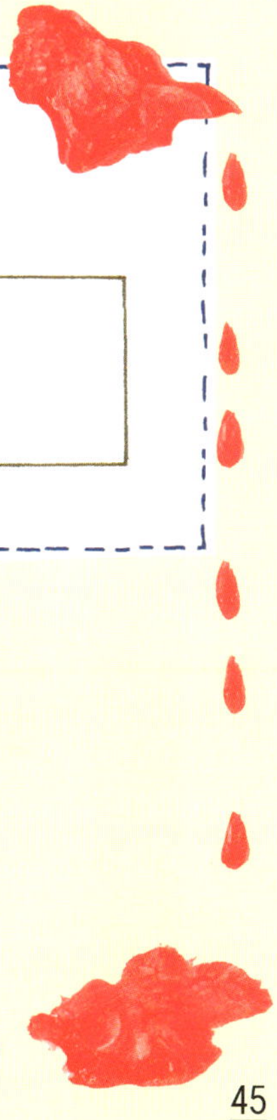

요리 순서대로 알파벳을 적어요.

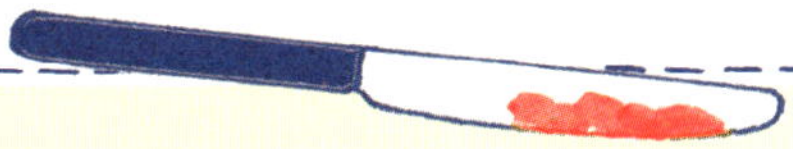

둘째

이제 식빵과 잼, 버터나이프를 준비해 내가 적은 순서대로 잼 샌드위치를 만들어 보아요.

인공 지능과 로봇 3

로봇처럼 생각하기

45쪽에서 만든 잼 샌드위치는 맛있었나요? 사실 잼 샌드위치 만드는 법은 어느 정도 알고 있었을 거예요. 그런데 만약 컴퓨터처럼 잼 샌드위치에 대한 지식이나 경험이 전혀 없었다면 어땠을까요? 주어진 일을 제대로 해냈을까요? 아마 모르긴 몰라도 굉장히 어려웠을 거예요.

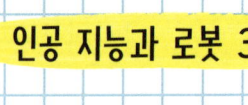

똑똑 활동!

75쪽의 모눈종이에 아래의 지시대로 그림을 그려요.

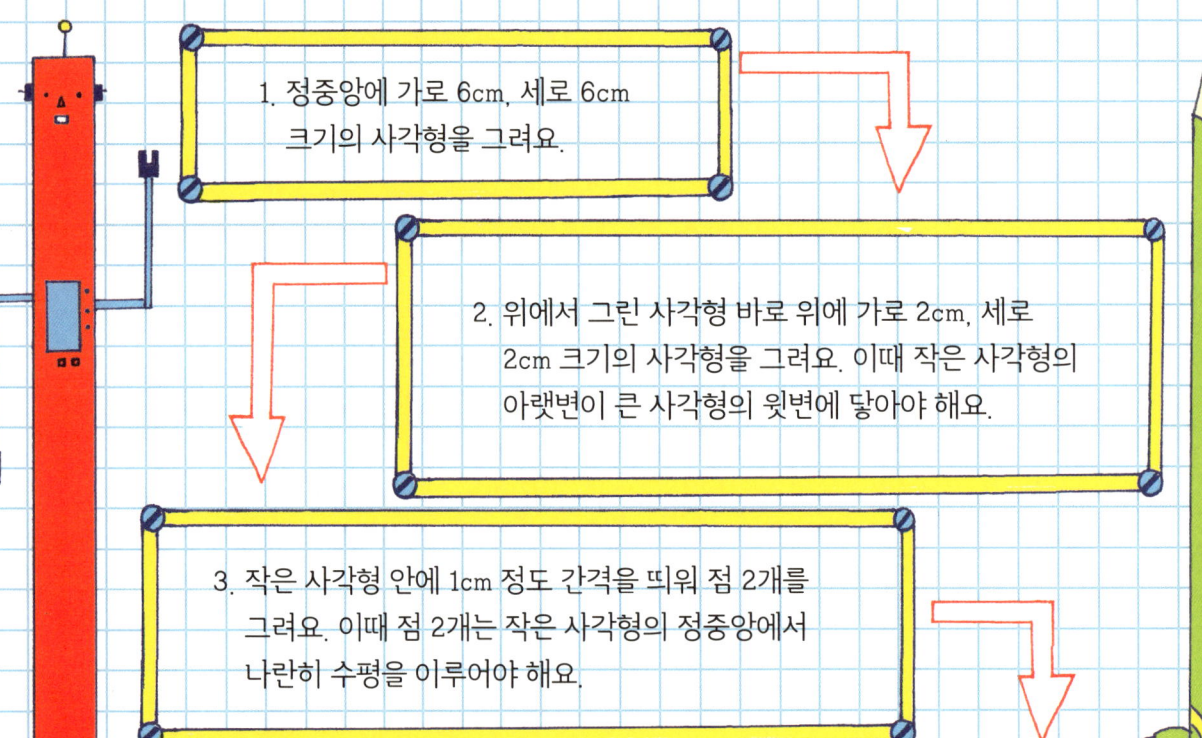

1. 정중앙에 가로 6cm, 세로 6cm 크기의 사각형을 그려요.

2. 위에서 그린 사각형 바로 위에 가로 2cm, 세로 2cm 크기의 사각형을 그려요. 이때 작은 사각형의 아랫변이 큰 사각형의 윗변에 닿아야 해요.

3. 작은 사각형 안에 1cm 정도 간격을 띄워 점 2개를 그려요. 이때 점 2개는 작은 사각형의 정중앙에서 나란히 수평을 이루어야 해요.

4. 작은 사각형 위쪽에 2cm 정도 길이로 V자를 그려요. V자의 뾰족한 부분이 작은 사각형의 윗변에 닿도록 그려야 해요.

5. 큰 사각형 아래쪽에 4cm 길이 선 2개를 세로로 평행하게 그려요. 두 선의 간격은 2cm, 선 위쪽 끝은 큰 사각형의 아랫변에 닿게 해요. 또한 두 선 사이의 공간이 큰 사각형의 중앙과 나란해야 해요.

6. 큰 사각형의 오른쪽 상단 모서리에서 1cm 아래로 내려온 곳에 3cm 길이의 대각선을 그려요. 대각선은 오른쪽 위를 향해 뻗어야 해요.

7. 이번에는 큰 사각형의 왼쪽 상단 모서리에서 1cm 아래로 내려온 곳에 3cm 길이의 대각선을 그려요. 대각선은 왼쪽 위를 향해 뻗어야 해요. 이 선은 큰 사각형의 오른쪽 변에 그린 대각선과 대칭을 이루어요.

8. 두 대각선 끝에 각각 C자 모양의 선을 그려요. 이때 볼록 튀어나온 부분의 중심이 각 선의 끝에 닿고, C의 양쪽 끝이 바깥을 향하게 해요. 자, 이제 96쪽의 정답과 여러분의 그림을 비교해 보아요.

샌드위치를 먹는 법에 대한 지침이 있으면 좋겠어. 그럼 훨씬 맛있게 먹을 수 있을 텐데…!

똑똑 활동!

친구에게 위 활동처럼 그림 지시서를 만들어 달라고 부탁한 뒤, 지시서가 완성되면 76쪽의 빈칸에 그림을 그려 보아요. 반드시 지시서에 쓰인 그대로 그려야 해요. 지시서가 애매모호하거나 이상한 부분이 있더라도, 원래 알고 있는 지식을 이용해 친구가 원하는 것을 이해하려고 하지 말고 지시서대로 그려요.

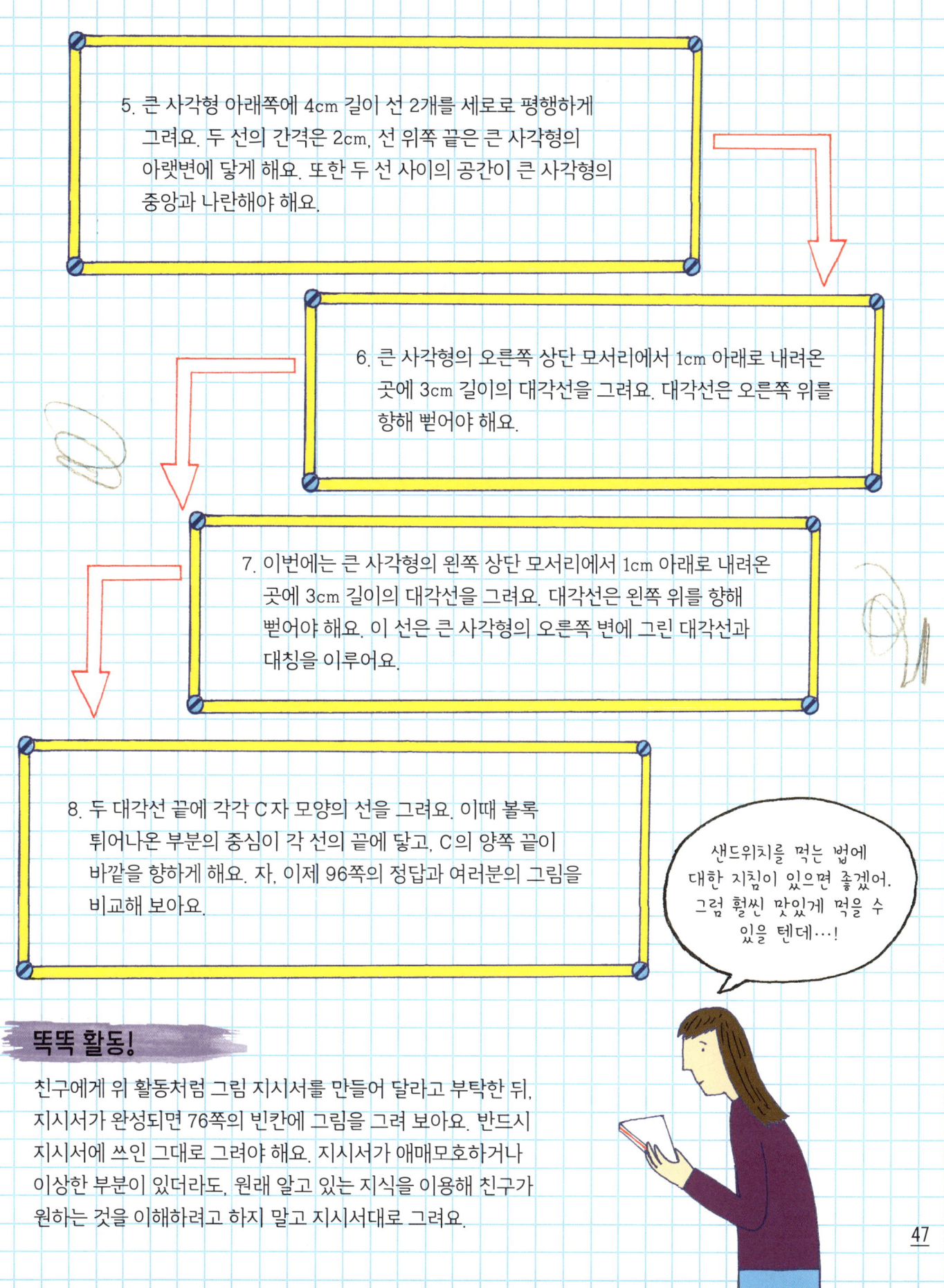

건설 1

인간 구조물 만들기

이제 건물, 다리, 터널 같은 구조물을 쌓아 볼 거예요. 어떤 재료로 만들면 좋을까요? 아마 여러분은 나무, 금속, 콘크리트 등을 떠올리겠지요.

그보다 사람을 쌓아 올리면 어떨까요?

스페인 카탈루냐 지방에서는 전통 축제로 시청 앞 광장에 모여 인간 탑 쌓기를 해요. 이 인간 탑을 '카스텔(castell)'이라고 하는데, 성(castle)을 뜻하는 카탈루냐어예요. 75~500명의 사람들이 서로의 어깨를 밟고 올라서서 6층~10층 높이의 탑을 만들지요.

인간 탑의 기초 부분은 누구나 참여할 수 있고, 대개 건장한 남성들이 2층 이상의 낮은 층에 자리를 잡아요. 이들은 자신들의 어깨를 밟고 선 사람들의 무게를 지탱하면서 탑을 안정적으로 떠받치지요. 탑의 가장 꼭대기 층은 가벼운 어린이나 여성들이 선답니다.

꼭대기 층

우아! 저 멀리 있는 우리 집도 보여!

코가 너무 간지러워. 누가 내 코 좀 긁어 줄래?

3층

2층

1층

똑똑 활동!

친구들과 함께 몸으로 만들 수 있는 구조물을 설계해 보아요. 꼭 높이 쌓아야 하는 건 아니에요. 오른쪽 그림처럼 서로의 손을 잡고 지탱하면서 부채 모양을 만들어도 되지요.

또는 피라미드 모양의 탑도 쌓을 수 있답니다.

인간 식탁도 만들 수 있고요!

첫째

의자 네 개를 서로 마주보도록 사각형 모양으로 배열해요.

둘째

의자마다 친구들을 한 명씩 앉혀요. 이때 등받이가 오른쪽에 오도록 몸을 돌려 의자 끝에 걸터앉아요. 이제 옆 사람의 무릎에 어깨와 머리가 놓이도록 친구들에게 천천히 누우라고 해요.

셋째

모두 누우면 의자를 하나씩 빼요.

짠! 인간 식탁 완성!

이 상태로 오래 버티면 안 돼요! 1분 정도 지나면 의자를 제자리에 돌려놓고 편히 앉아요.

✶ 특급 경고 ✶

인간 구조물을 만들 때는 특별히 조심해야 해요! 이 놀이는 바닥이 푹신하고 주변에 위험한 물건이나 가구가 없는 넓고 빈 공간에서만 하는 게 좋아요. 그리고 다른 사람의 어깨 위에 올라타 몸을 세우는 위험한 행동은 절대 하지 말아야 해요! 높이 쌓기보다는 나만의 개성이 드러나는 멋진 형태를 만들어 보아요.

건설 2

초고층 종이 건물

나는 어떤 건물에서 살고 싶나요?

높이가 830m나 되는 두바이의 '부르즈 할리파'에서 살고 싶다고요? 세상에서 가장 높은 건물에서 살고 싶나 봐요!

말발굽 모양으로 유명한 중국 후저우의 쉐라톤 호텔이요? 독특한 외관을 좋아하는군요.

그럼 왠지 태국에 있을 것 같은 코끼리 모양의 건물은 어때요?

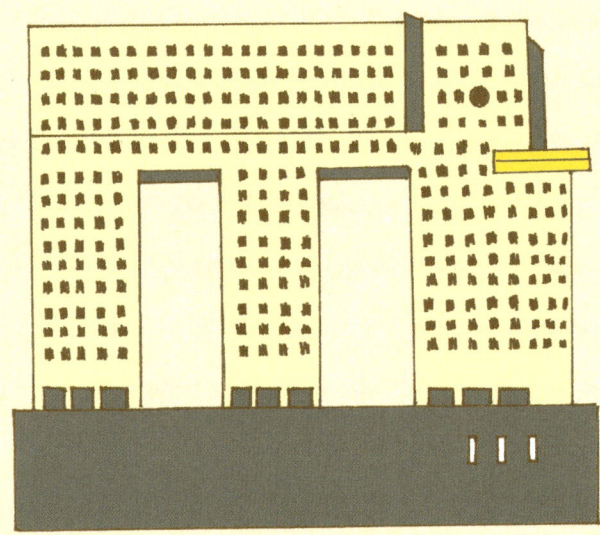

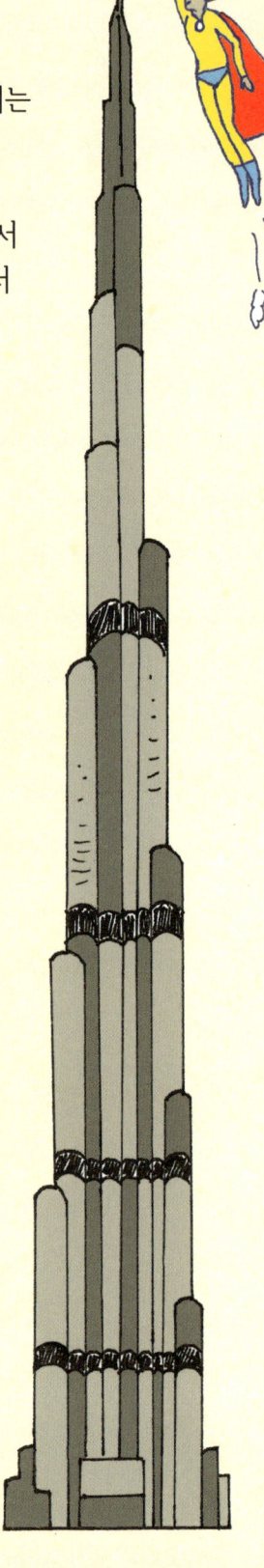

똑똑 활동!

첫째

내가 살고 싶은 초고층 건물의 모형을 종이로 만들어 보아요. 정확히 5분 안에 끝내야 하고 셀로판테이프나 풀은 절대 쓰면 안 돼요. 오로지 종이와 가위만 사용할 수 있답니다!

둘째

A4 용지 20장과 셀로판테이프를 준비해 건물을 지어 보아요. 종이가 꼿꼿이 설 수 있는 최고 높이는 얼마일까요? 종이가 높이를 측정할 수 있을 만큼 버텨 줄까요? 본격적으로 작업하기 전에 어떤 건물을 지을지 아래 빈칸에 아이디어를 쓰고 그림을 그려 보아요.

건설 3

다리 놀이

여러 모양의 다리로
장난을 쳐 볼까요?

아! 물론 실제 다리가 아니라 종이 다리로 할 거예요.
내가 크레인이나 굴착기, 다리를 손보거나 새로 지을 수 있는
중장비를 갖고 있더라도 실제 다리를 건드리는 건 불법이니까요.

똑똑 활동!

77쪽에 있는 여러 가지 다리를 가지고 놀면서 어떤 다리가 가장 튼튼한지 알아보아요.

첫째 먼저 책을 여러 권 준비해 15cm 정도 간격을 두고 같은 높이로 쌓아요.
둘째 78~82쪽의 종이를 잘라 제시한 모양대로 접어서 3가지 다리를 만들어요.
셋째 3가지 다리를 쌓아올린 책 사이에 걸쳐지도록 차례차례 얹어 보아요.

넷째 이제 각각의 다리가 얼마나 튼튼한지 알아볼 거예요. 3가지 다리 위에 각각
10원짜리 동전을 하나씩 올려요. 다리가 무너질 때까지 계속 실험해 보아요.

다섯째 책 사이의 거리를 5cm로 좁힌 뒤 똑같은 실험을 다시 한번 해 보아요.
이번에는 각각의 다리가 얼마나 버티나요?

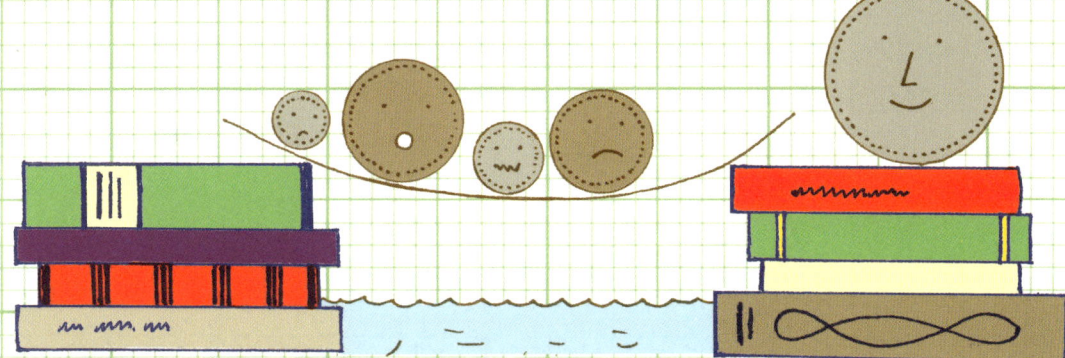

똑똑 활동!

실험 결과를 기록해요. 어떤 다리가 승리했나요?

다리 모양	15cm 간격 - 동전 개수	5cm 간격 - 동전 개수
접은 다리		
쟁반 다리		
부채 다리		

기발한 발명품

현수교는 마주 보는 양쪽 언덕을 쇠줄이나 쇠사슬로 건너지른 다음, 이 케이블에 상판을 매달 아 놓은 다리예요. 금속이나 강화 콘크리트로 높이 세운 주탑이 케이블을 지지하지요. 세계에 서 가장 긴 현수교는 일본의 아카시해협대교로, 주탑의 높이가 무려 1,991m나 된답니다.

인류와 지구 구하기 1

바람으로 기계 움직이기

시원한 바람을 쐬면 기분이 좋아지죠. 그런데 이 시원한 바람으로 지구 온난화의 주범인 석유나 천연가스를 태우지 않고도 전기를 만들어 낼 수 있답니다. 정말 멋지죠?

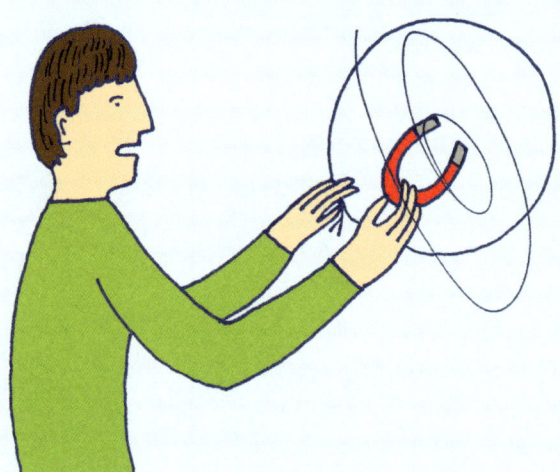

전기는 '코일' 안에서 자석을 매우 빠르게 돌렸을 때 생겨요. 코일은 돌돌 감은 전선이지요. 그런데 전류가 흐를 정도로 강력한 전기를 만들려면 아주 크고 무거운 자석이 필요해요. 이 자석을 어떻게 돌릴 수 있을까요?

간단해요! 터빈을 이용하면 된답니다. 터빈은 물, 가스, 증기 등이 아주 커다란 날개에 부딪치게 하여 회전하는 힘을 얻는 원동기예요. 이 회전이 거대한 자석을 돌려 전기를 만들어 낸답니다.

발전소에서는 석유나 천연가스를 태운 열로 물을 끓여요. 물이 펄펄 끓을 때 나오는 증기가 터빈을 돌려 전기를 만들지요. 하지만 석유나 천연가스를 태우면 온실가스가 공기 중으로 퍼지고, 이 가스들이 태양열을 붙잡아 지구의 기후를 바꿔 버린답니다. 그래서 이런 방법 대신 바람을 이용하는 것이 환경에 훨씬 좋아요!

똑똑 활동!

동전 넣은 종이컵을 헤어드라이어 바람으로 들어 올리는 풍차를 만들어 보아요.
이제 이 풍차를 개량할 방법을 찾아볼까요? 풍차 날개의 크기와 두께, 개수를 어떻게 바꾸면 될지 생각해 보아요!

조금 어렵다고요?
그럼 오른쪽 그림을
참고해요.

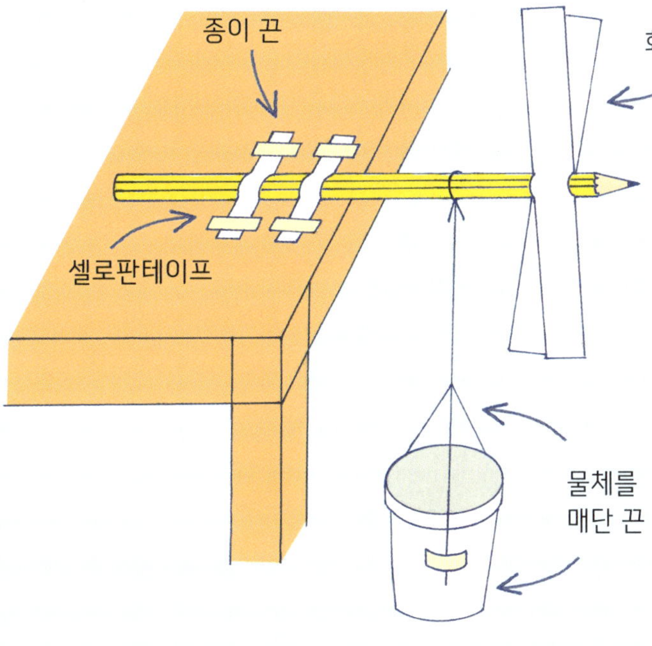

종이 끈

회전 날개

셀로판테이프

물체를
매단 끈

인류와 지구 구하기 2

지구를 지켜라

미국의 가수 휘트니 휴스턴은 생전에 이런 말을 남겼어요.
"저는 어린이가 우리의 미래라고 믿어요."
휘트니 휴스턴의 말은 아주 정확했어요! 어른들의 잘못으로 인해 발생한 기후 변화, 플라스틱 오염, 그 밖에 지구를 괴롭히는 다양한 문제들을 세계 곳곳의 어린이와 십 대 청소년들이 아주 영리하게 해결하고 있거든요.

지구를 지키는 슈퍼 영웅들!

캐나다의 열네 살 소녀 앤 마코신스키는 체온으로 불을 켜는 손전등을 발명했어요. 필리핀의 친구들이 밤에 전기가 들지 않아 불편하게 생활한다는 이야기를 들었거든요.

신시아 신 응람은 열일곱 살 때 더러운 물을 정화하는 동시에 청정에너지를 생산하는 장치 'H2prO'를 발명했어요. 정수와 발전을 동시에 할 수 있다니 정말 멋져요!

미국의 열일곱 살 소년 파람 재기는 운전을 배우다 영감을 얻어 발명했어요. 바로 자동차 배기구에서 방출되는 이산화탄소를 산소와 당분으로 바꾸는 장치지요.

똑똑 활동!

우리가 지금 당장 해결해야 할 가장 큰 문제는 무엇인가요? 이 문제들의 해결 방법을 아래 빈칸에 그리고 적어 보아요.

인류와 지구 구하기 3

보지 않고 읽기

눈으로 보지 않고 책을 읽을 수 있을까요?
네, '손'을 이용하면 얼마든지 가능하답니다.

루이 브라유는 열다섯 살이었던 1824년에
볼록하게 솟은 점을 이용해 글자나
소리를 표현하는 방법을 만들었어요.
이를 '브라유 알파벳' 또는
'점자'라고 부르지요. 점자를
이용하면 눈이 보이지 않는
사람도 손끝으로 점들을
훑어 가며 책을 읽고
공부할 수 있답니다.

점자는 가로 2점, 세로 3점으로 구성돼요. 이 6개의 점으로 한글, 알파벳, 숫자, 문장 부호를 모두 나타낼 수 있지요. 한글은 어떤 점이 돌출하는지에 따라 63개의 점형이 생기고, 그 위치에 따라 의미가 부여돼요.

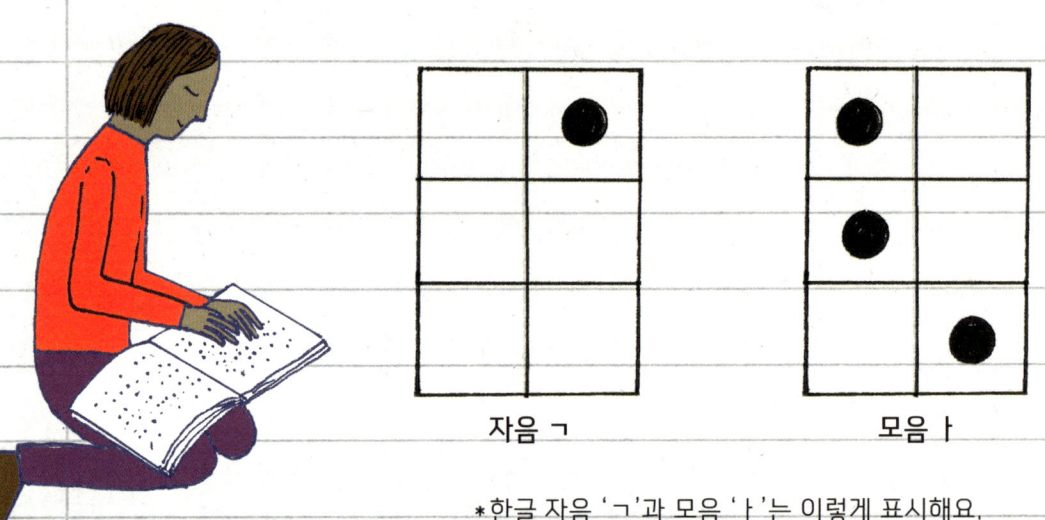

자음 ㄱ   모음 ㅏ

*한글 자음 'ㄱ'과 모음 'ㅏ'는 이렇게 표시해요.

똑똑 활동!

친구에게 점자로 편지를 써 보아요.

첫째

친구에게 하고 싶은 말을 짧게 적은 다음, 아래 빈칸에 한글 자음과 모음이 하나씩 들어가도록 써요.

여기서 시작해요.

둘째

똑같은 편지를 한 번 더 써요. 이번에는 가장 오른쪽 칸부터 시작해 한글을 거꾸로 쓸 거예요. 예를 들어 '내일'을 '일내'라고 쓰는 거지요. 편지지에 점자 글씨가 똑바로 새겨지게 하기 위해 꼭 필요한 과정이랍니다.

여기서 시작해요.

셋째

83쪽을 펼쳐 점자 틀을 준비한 뒤 점자 편지를 써 보아요!

인류와 지구 구하기 4
플라스틱과의 대결

플라스틱에게서 영원히 벗어날 수 없다고 느낀 적이 있나요?

플라스틱은 잘 썩지 않아요. 게다가 대부분 재활용되지 않지요. 그래서 우리가 쓰고 버린 플라스틱은 땅속에 거대한 쓰레기 무덤을 만들거나 바다로 흘러들어 간답니다.

물고기, 바다거북 같은 바다 생물들이 플라스틱을 먹이로 착각해 삼키는 바람에 병에 걸려 죽어 가고 있어요. 또 바닷물에 둥둥 떠다니는 플라스틱 쓰레기에 몸이 걸려 죽기도 하지요. 정말 슬픈 일이에요.

다행히 이번에도 어린이와 십 대 청소년들이 플라스틱 오염 문제를 해결하기 위해 앞장서서 새로운 발명품을 만들고 있답니다.

분해되는 플라스틱

플라스틱을 죽은 식물처럼 자연 분해되거나 잘게 부서지게 하려면 어떻게 해야 할까요? 터키의 열여섯 살 소녀 엘리프 빌긴에게 물어보아요! 엘리프가 사는 이스탄불도 플라스틱 쓰레기 문제가 매우 심각했어요.

엘리프는 산처럼 쌓인 플라스틱들이 썩어서 분해되면 좋겠다고 생각했지요. 결국 오랜 연구 끝에 바나나 껍질에서 분해 가능한 '바이오 플라스틱'을 추출하는 데 성공했답니다.

바다 쓰레기 청소

네덜란드의 열여섯 살 소년 보얀 슬랫은 바다에 둥둥 떠다니는 플라스틱 쓰레기를 모으는 장치를 개발했어요. 플라스틱이 해류의 소용돌이에 의해 일정한 곳에 모인다는 것을 알고, 쓰레기 집결지와 이동 경로에 오일펜스를 설치해 플라스틱 쓰레기가 자연적으로 모이게 한 것이지요.
보얀은 플라스틱 쓰레기가 모여 거대한 섬을 이룬 '태평양 거대 쓰레기 지대'의 플라스틱을 수거하는 환경 단체 '오션 클린업'도 만들었답니다.

똑똑 활동!

아무리 멋진 아이디어라도 행동에 옮기지 않으면 아무 소용 없어요. 지금부터라도 지구를 구하는 행렬에 동참해 볼까요? 87~92쪽의 활동을 통해 나만의 플라스틱 처리 방법을 생각해 보고 이를 홍보할 수 있는 방안도 배워요!

나만의 발명 실험실!

페이지를 오려서 직접 해 보아요.
잘라 내고, 접고, 붙이면서 발명의 원리를 배워요.

발명 돌림판

똑똑 활동!

아래의 돌림판을 오린 다음 한가운데에 연필을 꽂고 팽이처럼 돌려요.
12쪽 '발명 돌림판' 활동 때 사용해요.

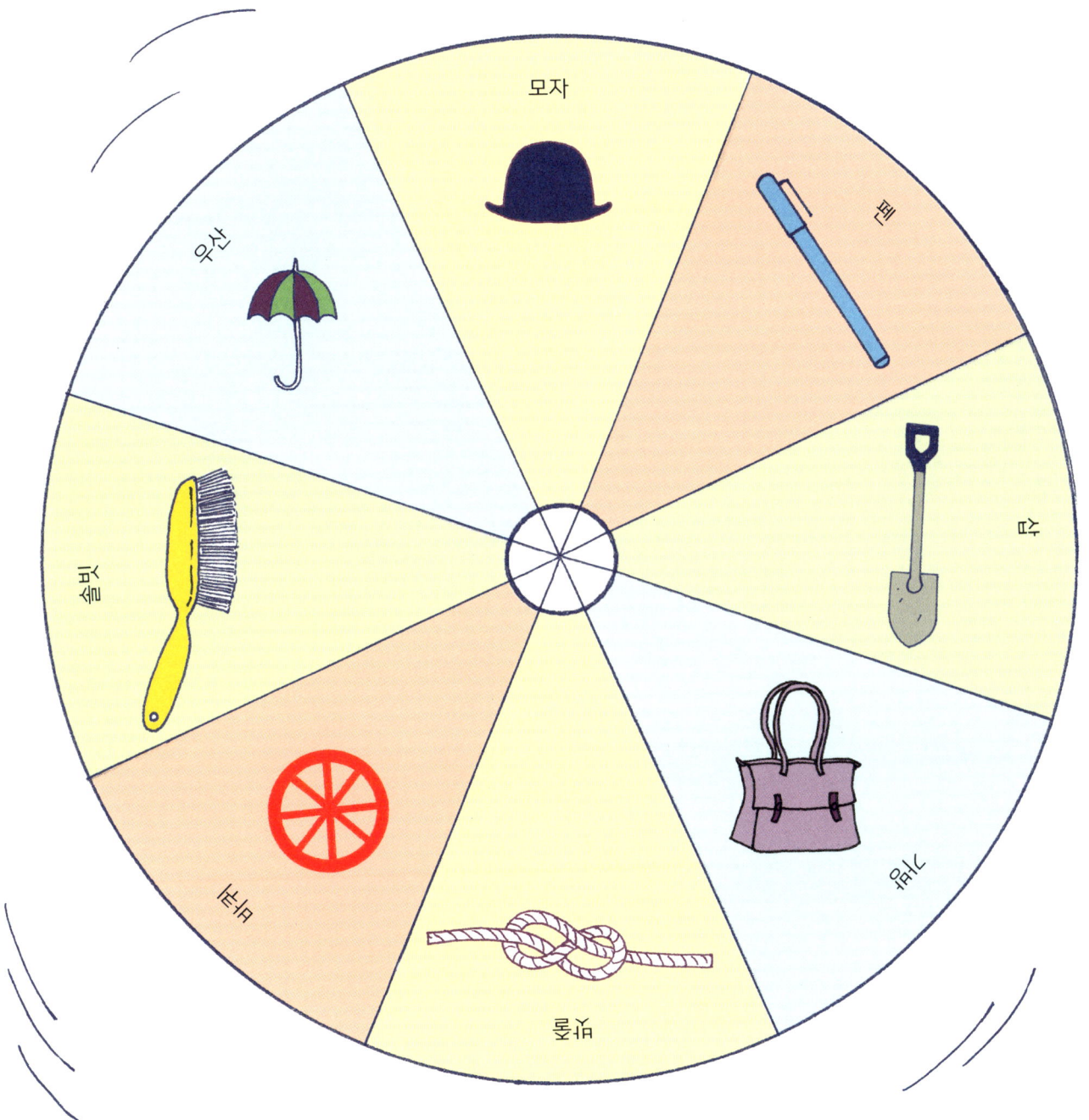

63

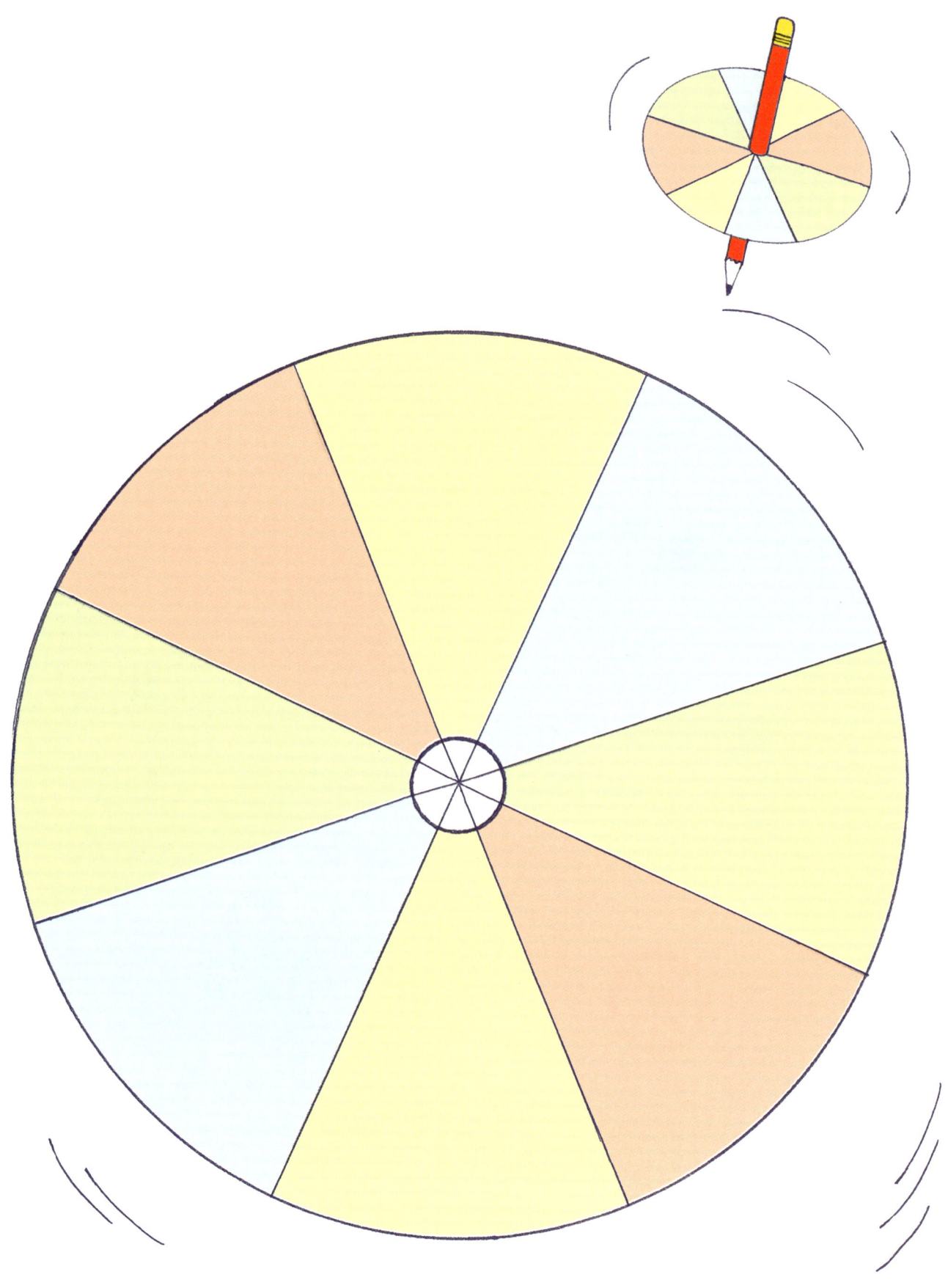

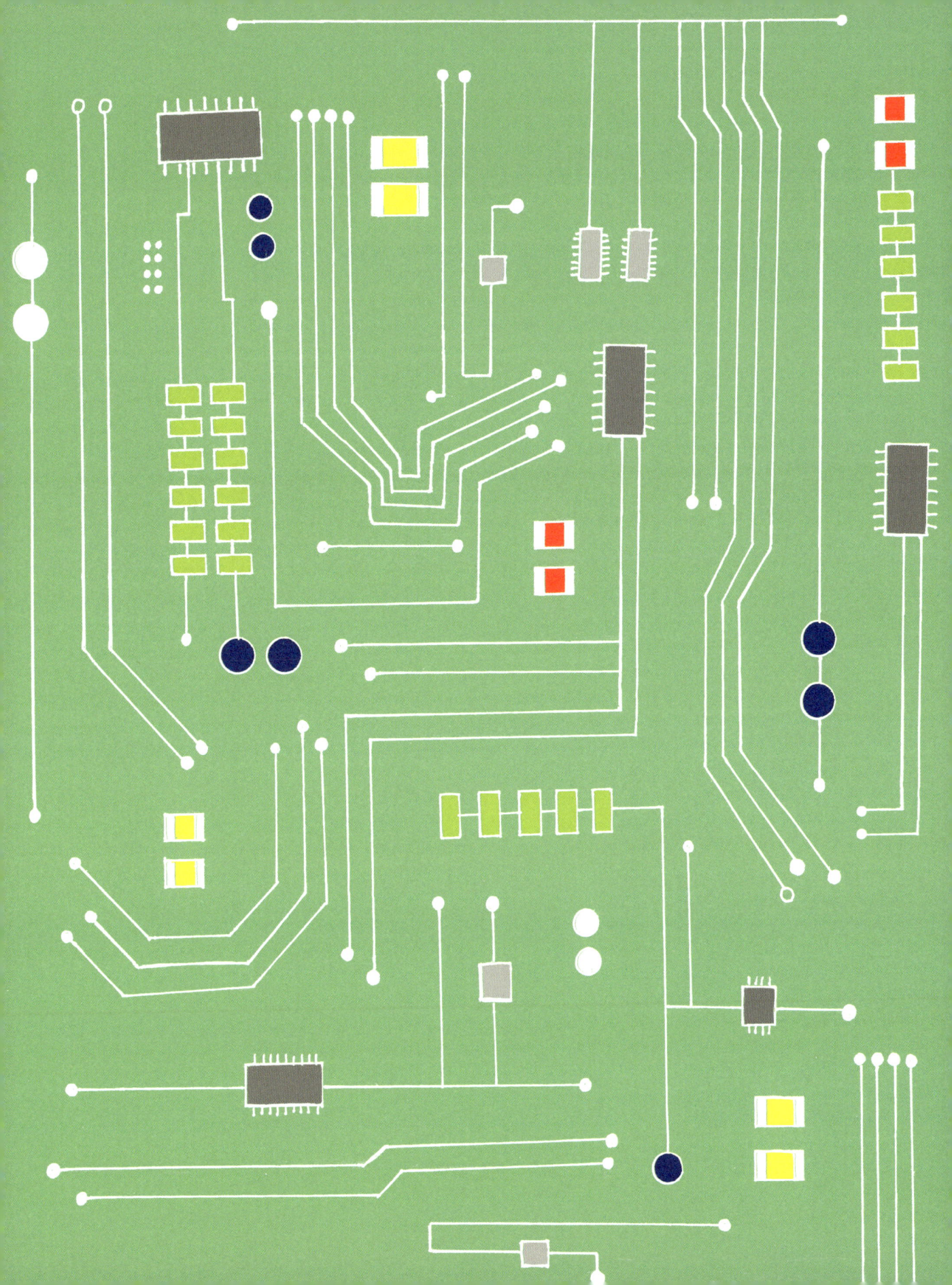

왕자 구출 작전

이동 수단

종이비행기

똑똑 활동!

71~74쪽의 전개도를 오려 나만의 글라이더와 헬리콥터를 만들어 보아요. 가위, 클립, 셀로판테이프, 빨대가 필요해요.

종이 글라이더

첫째

오른쪽에 있는 직사각형 2개를 잘라 내요. 각각 양 끝을 이어 붙여서 크고 작은 둥근 테를 만들어요. 그런 다음 아래 그림처럼 빨대 양쪽 끝에 하나씩 붙여요. 글라이더 완성!

둘째

높은 곳에서 글라이더를 떨어뜨린 뒤 움직이는 모습을 관찰해요!

종이 헬리콥터

첫째

73쪽의 헬리콥터 전개도를 오려요. 점선은 자르는 선, 실선은 접는 선이에요. 오른쪽 그림처럼 A와 B는 서로 반대 방향으로 접어 내리고 C와 D는 안으로 접어요.

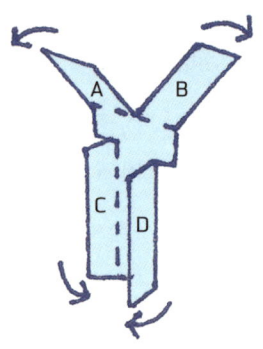

둘째

맨 아래쪽을 위로 접어 올린 다음 클립을 끼워 무겁게 만들어요. 그러면 오른쪽 그림의 모양이 돼요.

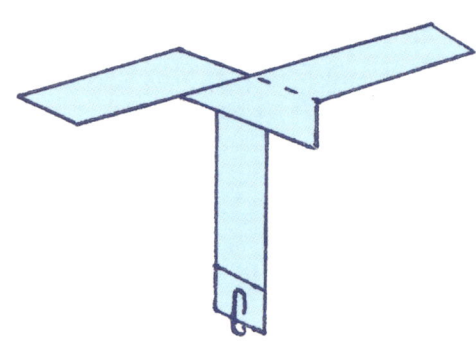

셋째

높은 곳에서 종이 헬리콥터를 떨어뜨려 빙글빙글 도는 모습을 관찰해요. 친구나 형제자매와 함께 종이 헬리콥터 날리기 대결을 해도 좋아요.

종이 헬리콥터 전개도

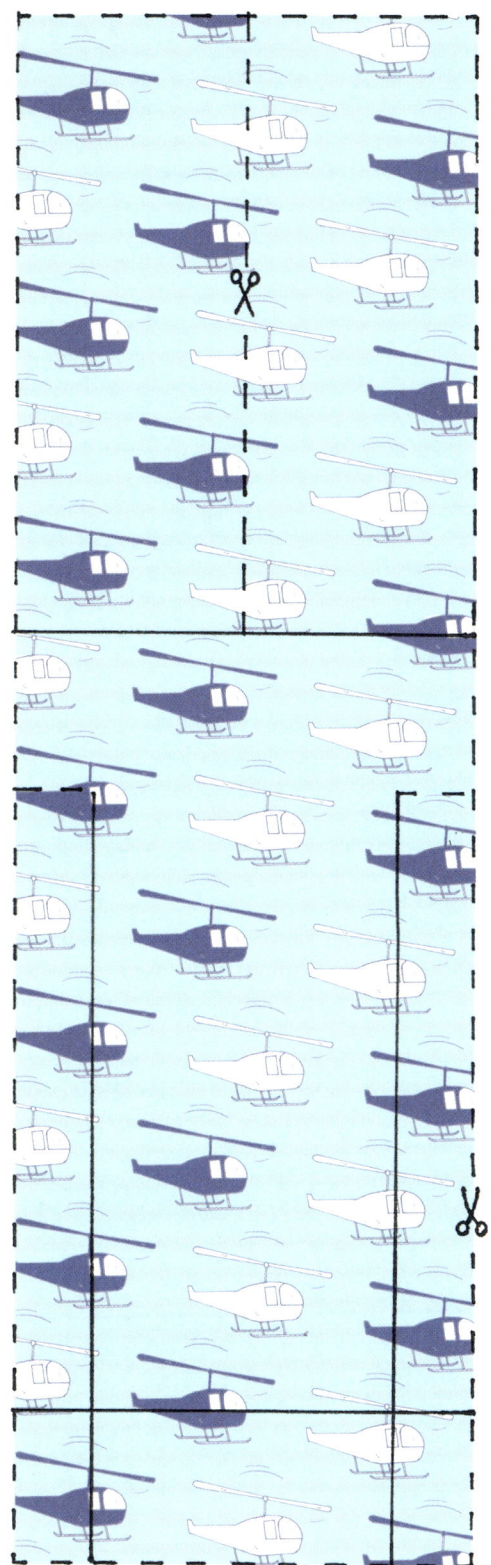

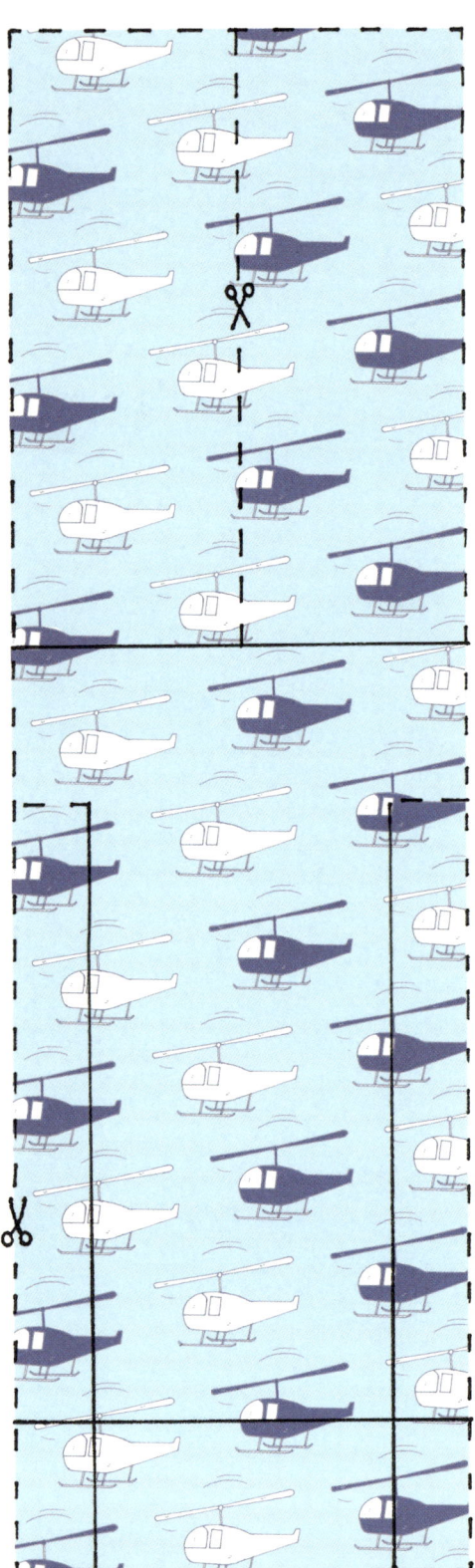
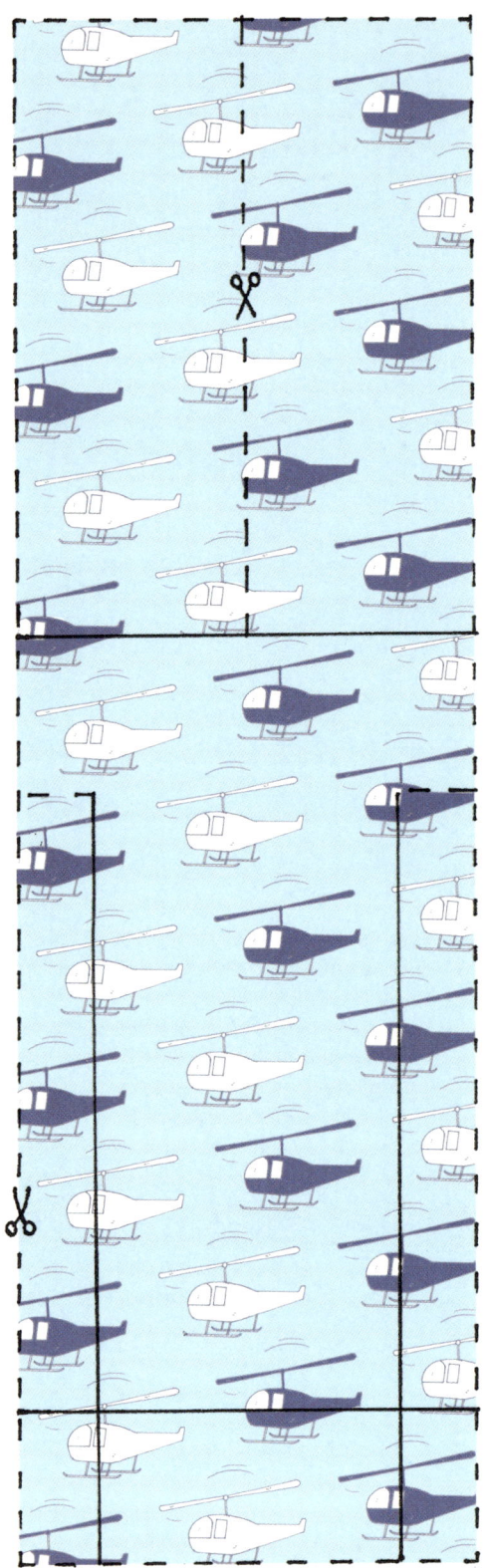

로봇처럼 생각하기

똑똑 활동!

아래 모눈종이에 46~47쪽의 지시대로 그림을 그려요.

인공 지능과 로봇

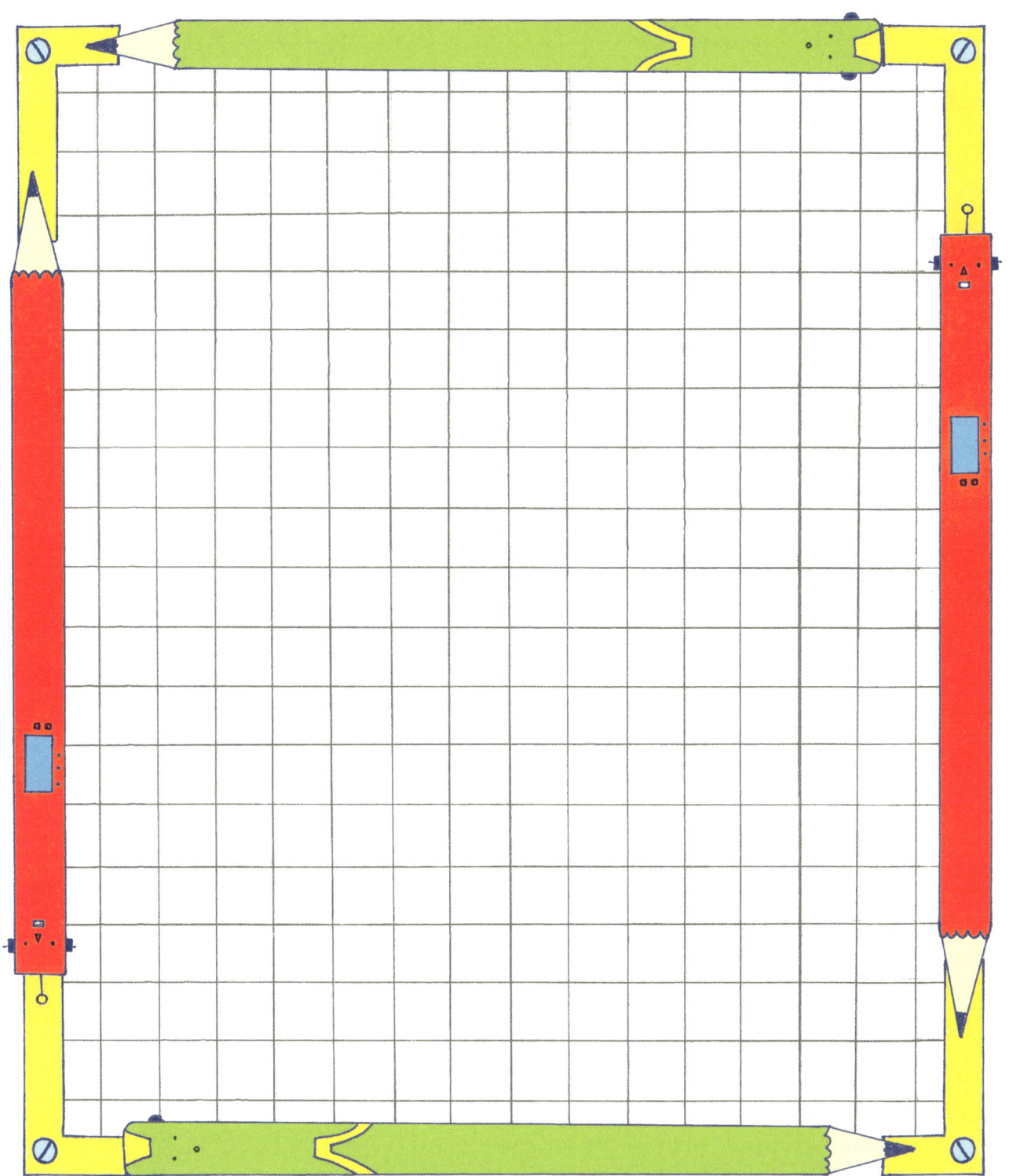

똑똑 활동!

아래 빈칸에 친구가 만든 지시서대로 그림을 그려요.

다리 놀이

똑똑 활동!

78~82쪽의 종이를 오려 아래 세 가지 모양의 다리를 만든 다음
52~53쪽의 활동을 해요. 어떤 다리가 가장 튼튼할까요?

건설

접은 다리

쟁반 다리

부채 다리

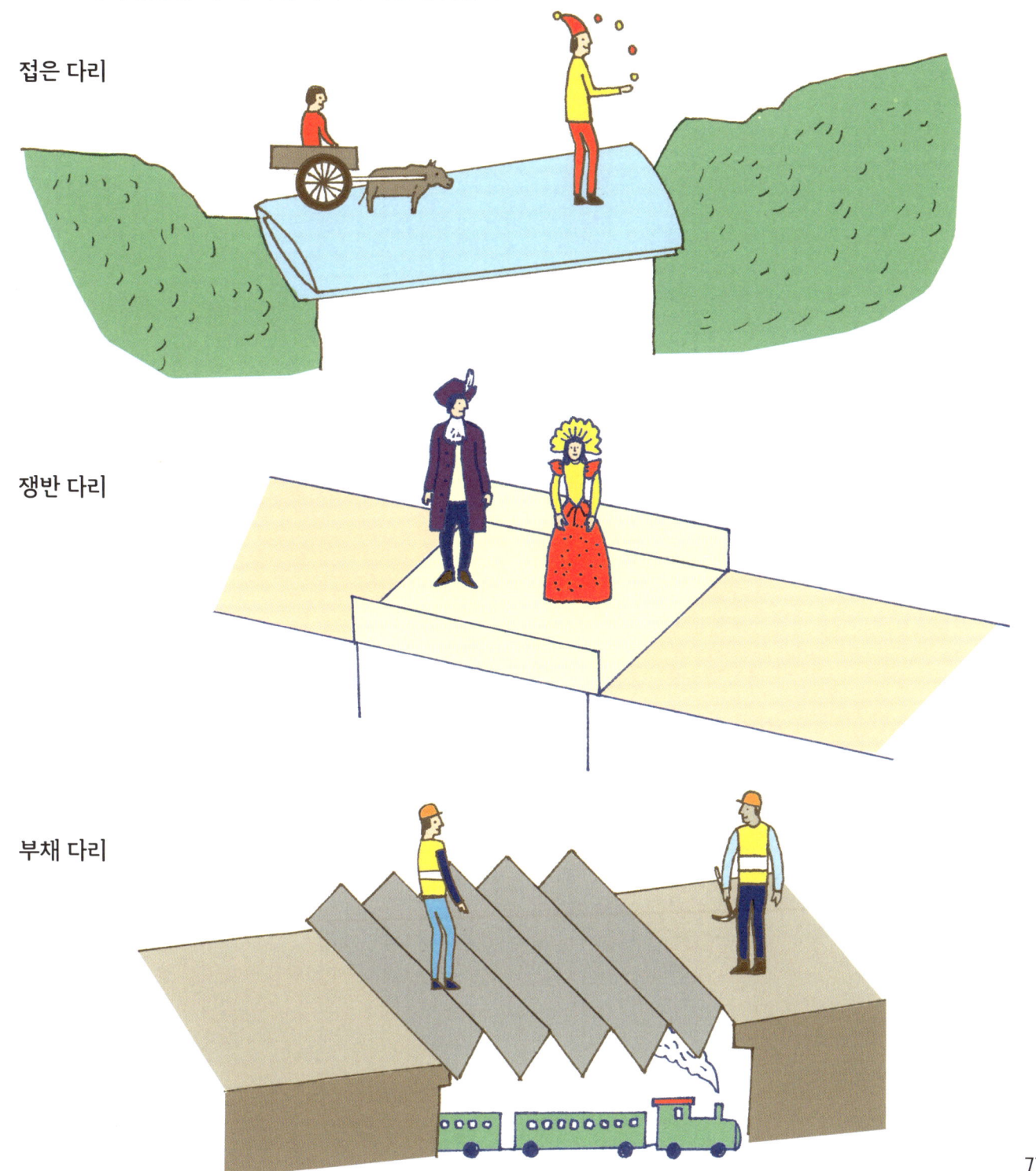

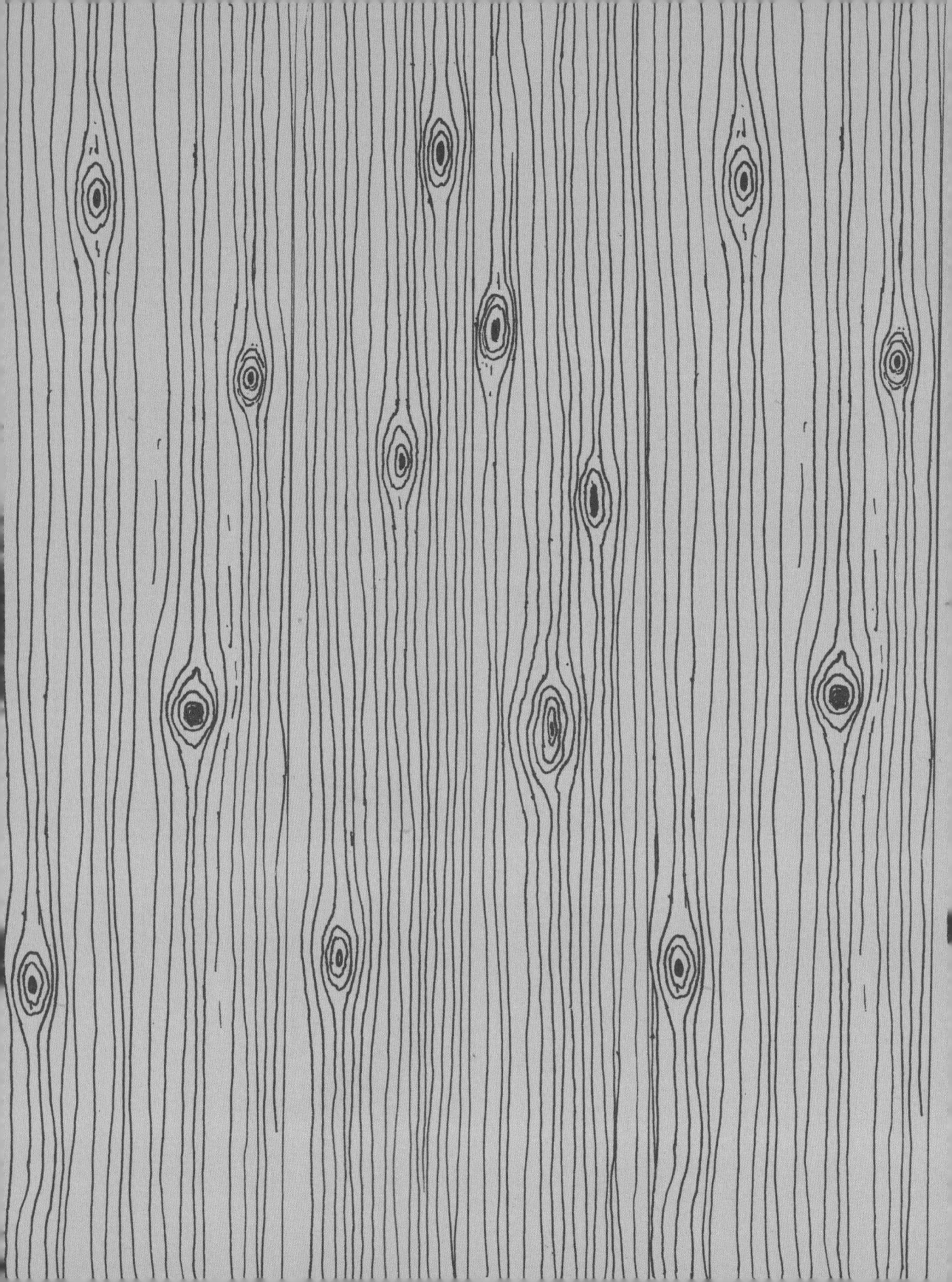

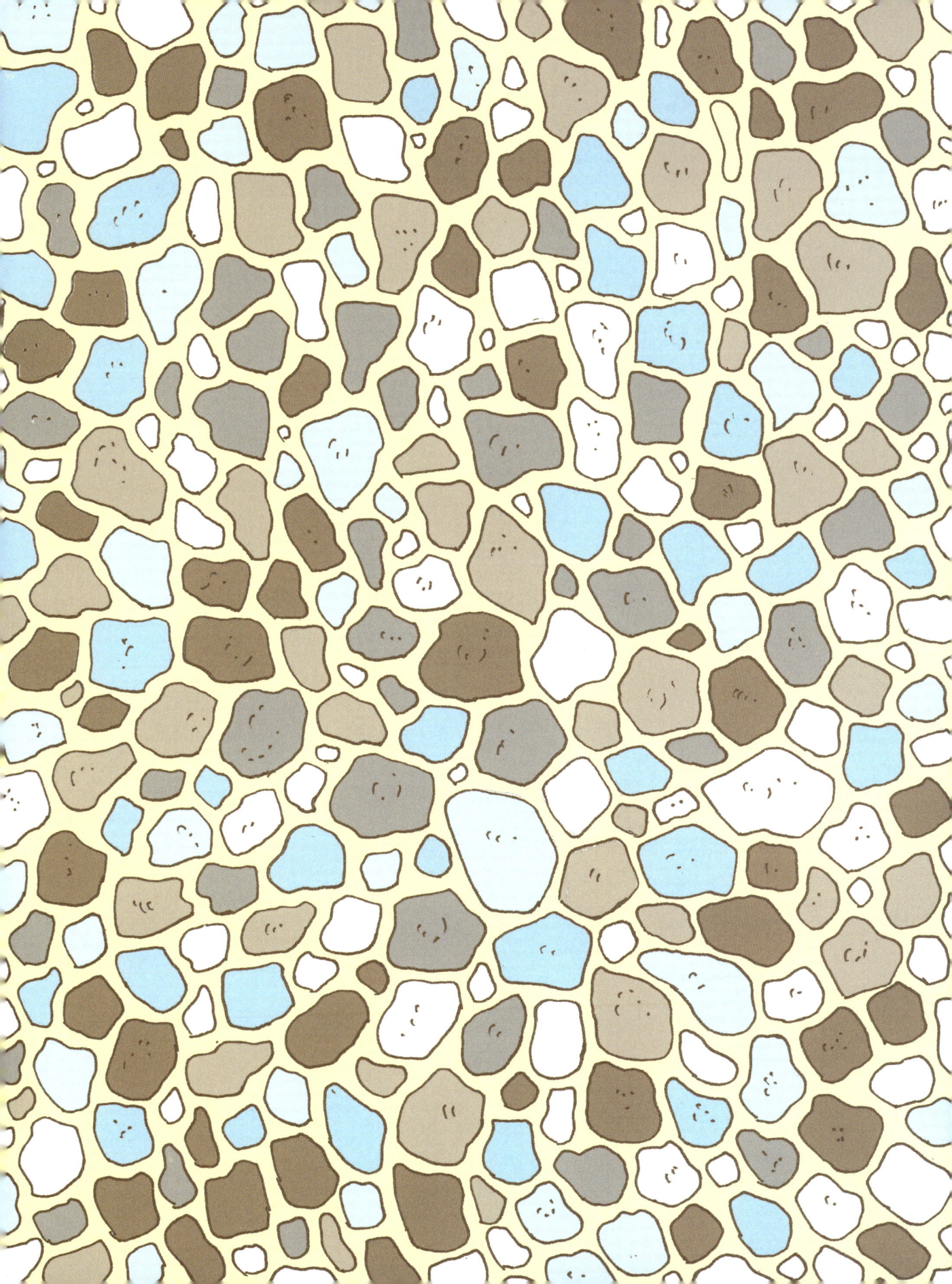

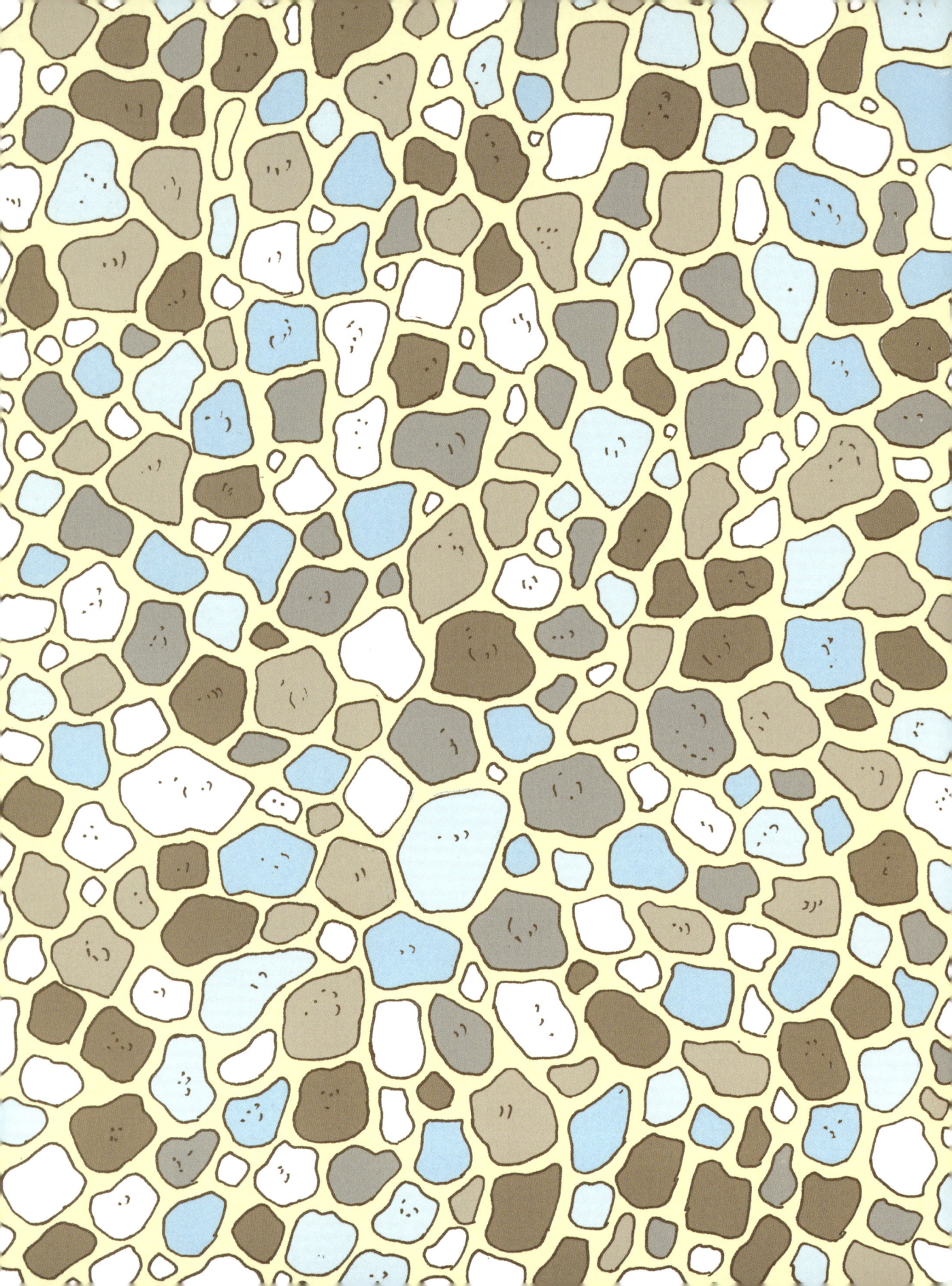

보지 않고 읽기

똑똑 활동!

인류와 지구 구하기

59쪽의 활동과 연결해 친구에게 짧은 편지를 써요.
이제 편지 내용을 점자로 바꿔 볼까요? 공작용 점토 한 덩어리,
뾰족하게 깎은 연필, 얇은 종이 1장이 필요해요.

첫째

점토를 눌러 평평하게 편 다음 그 위에 얇은 종이를 얹어요.
86쪽의 점자 틀을 잘라 내 파란색 면이 보이도록 종이 위에
올려놓아요.

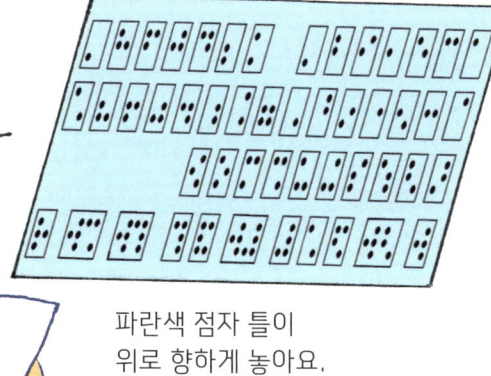

파란색 점자 틀이
위로 향하게 놓아요.

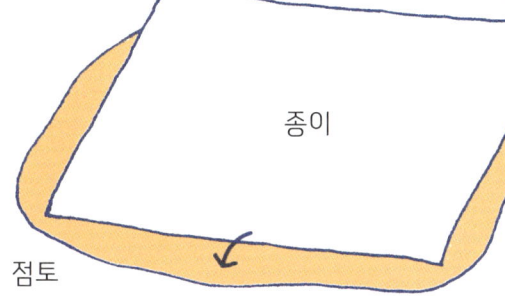

종이

점토

둘째

59쪽의 거꾸로 쓴 편지에서 가장 먼저 나오는(가장 오른쪽에
있는) 글자를 점자 틀에서 찾아요. 이 글자가 오른쪽
상단에 자리하도록 점자 틀의 위치를 맞춰요.

셋째

뾰족한 연필심으로 점을 찔러 구멍을 내면서 첫 글자를 점자로 새겨요. 연필심이 점자 틀과 종이를 통과해 점토에 닿을 정도로 꾹꾹 눌러야 해요. 첫 글자를 완성하면 두 번째 글자에 해당하는 점자를 찾아 첫 번째 글자 바로 왼쪽에 점자로 새겨요.

넷째

같은 방법으로 편지 내용을 모두 새긴 다음, 점자 틀을 치워요. 점자를 새긴 종이를 조심스럽게 떼어 내 뒤집으면 여러분의 편지 내용이 모두 점자로 찍혀 있을 거예요.

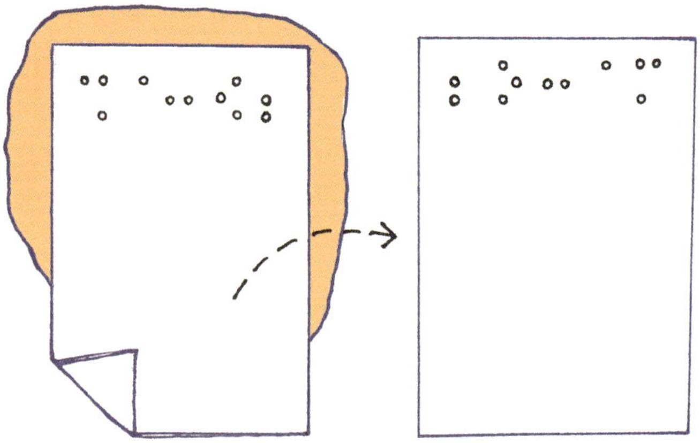

다섯째

85쪽에 있는 빨간색 점자 표를 오려 점자 편지와 함께 봉투에 넣어요. 친구에게 봉투를 건네며 점자 편지를 해독해 보라고 말해요.

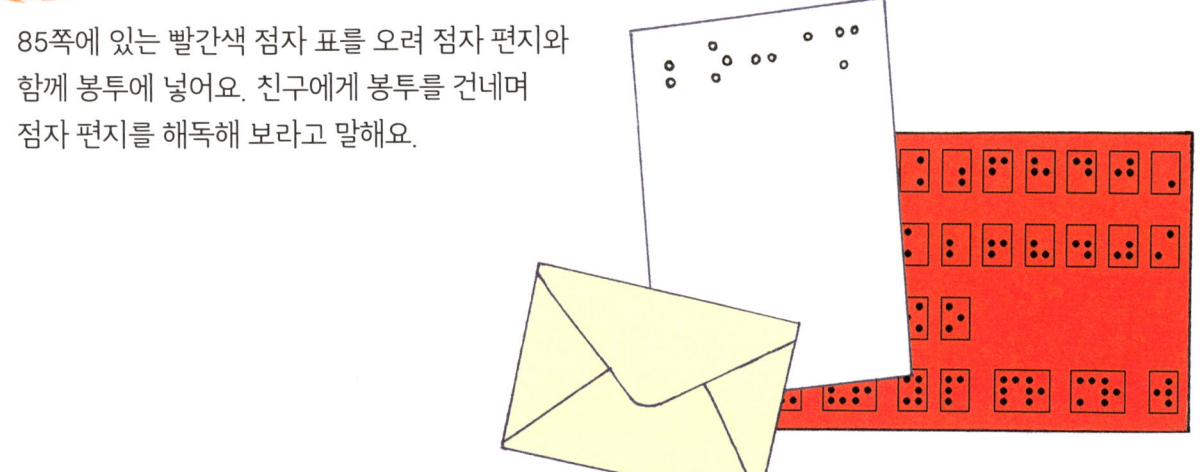

한글 점자표

	ㄱ	ㄴ	ㄷ	ㄹ	ㅁ	ㅂ	ㅅ	ㅇ	ㅈ	ㅊ	ㅋ	ㅌ	ㅍ	ㅎ	된소리
자음															

	ㄱ	ㄴ	ㄷ	ㄹ	ㅁ	ㅂ	ㅅ	ㅇ	ㅈ	ㅊ	ㅋ	ㅌ	ㅍ	ㅎ	ㅆ받침
받침															

	ㅏ	ㅑ	ㅓ	ㅕ	ㅗ	ㅛ	ㅜ	ㅠ	ㅡ	ㅣ
모음										

	ㅐ	ㅒ	ㅔ	ㅖ	ㅘ	ㅙ	ㅚ	ㅝ	ㅞ	ㅟ	ㅢ

	수표	1	2	3	4	5	6	7	8	9	0
숫자											

	.	?	!	,	-	~	*	"	"	'	'
문장부호											

빨간색 점자 표를 이용해 점자 편지를 해독해 보아요.

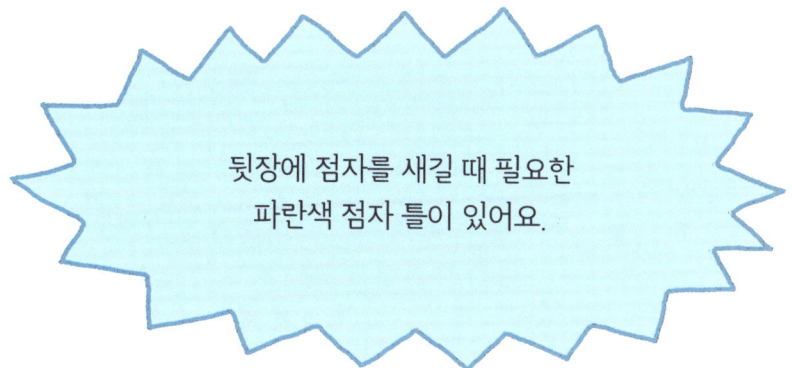

뒷장에 점자를 새길 때 필요한 파란색 점자 틀이 있어요.

사랑하는 친구에게

내가 편지에 뭐라고 썼는지
궁금하지? 점자 표를 참고해서
올록볼록 튀어나온 점들을
살펴봐. 그러면 내가 쓴
점자 편지를 금방
읽을 수 있을 거야.
너의 답장을 기다릴게.

너의 진정한 친구

....

점자 표를
꼼꼼하게
살펴봐!

한글 점자 틀
파란색 면이
위로 향하게
놓아요.

플라스틱과의 대결

인류와 지구 구하기

똑똑 활동!

플라스틱 오염 문제를 해결할 제품을 발명해 보아요. 발명품은 특허를 내고, 홍보와 판매도 할 거예요. 플라스틱 쓰레기 처리 방법, 플라스틱 재활용법, 플라스틱을 대체하면서 환경도 지킬 수 있는 신소재 개발 등 내가 해야 할 일이 엄청 많답니다.

첫째

아래 빈칸에 플라스틱 쓰레기의 문제점을 적어 보아요.
이 문제를 해결하기 위해 이미 개발된 제품이 있는지 찾아보고,
이 제품이 어떻게 작동하는지 설명해 보아요.

이 페트병을 어떻게 재활용하지?

둘째

나만의 발명품을 그리고 원리와 조작법을 적어 보아요.
겉모양을 여러 각도로 다양하게 그려 주면 더 좋아요.

셋째

발명품을 완성했다면 이제 특허를 신청할 차례예요. 특허는 일정 기간 동안 다른 사람들이 발명가의 허락 없이 똑같은 제품을 만들거나 판매할 수 없도록 막아 주는 장치랍니다. 특허 신청서의 빈칸을 채워 보아요.

발명품 이름과 기술 분야 _____

_____

발명가 이름/주소/연락처 _____

이미 개발된 제품 (나의 발명품과 비슷한 제품을 써요.)

_____

_____

_____

발명품의 특징과 구조

_____

_____

_____

_____

_____

넷째

이제 발명품을 홍보해 볼까요? 버스 정류장에 붙은 포스터나 대형 전광판으로 본 광고들을 떠올리면서 발명품의 장점을 잘 보여 주는 광고를 구상해요. 발명품에 걸맞은 광고 문구도 생각하고요. 너무 많은 말을 쓸 필요는 없어요. 발명품이 얼마나 대단한지, 이걸 왜 사야 하는지 설명하는 사진이나 그림이 훨씬 효과적이거든요. 아래 빈칸에 나만의 광고 포스터를 그려 보아요.

알고 있나요?

우리는 토머스 에디슨이 백열전구를 발명했다고 알고 있어요. 하지만 백열전구를 최초로 발명한 사람은 영국의 발명가 조지프 스완이랍니다. 그러니까 에디슨은 스완의 아이디어를 베끼고 '발전'시킨 사람인 거죠. 그럼 우리는 왜 스완이 아닌 에디슨을 기억하는 걸까요? 바로 에디슨이 자신의 제품을 홍보하는 능력이 매우 뛰어났기 때문이에요!

다섯째

발명품의 판매 준비를 마쳤다면 마지막으로 제품의 용도와 조작법을 알려 주는 설명서를 만들어야 해요. 아래의 도안을 오려 접은 다음, 발명품의 조작 과정을 순서대로 자세히 적어 설명서를 완성해요.

나의 제품 설명서가
완성되었어요!

제품 설명서
제품 발명 및 설계
특허 등록 번호

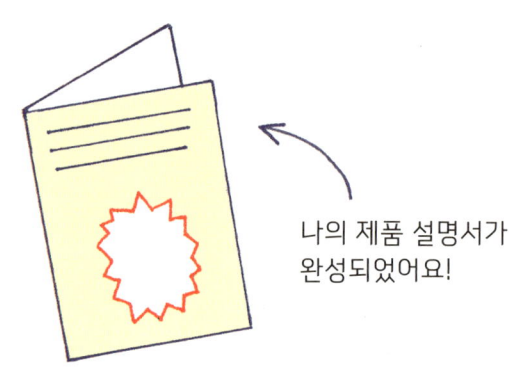

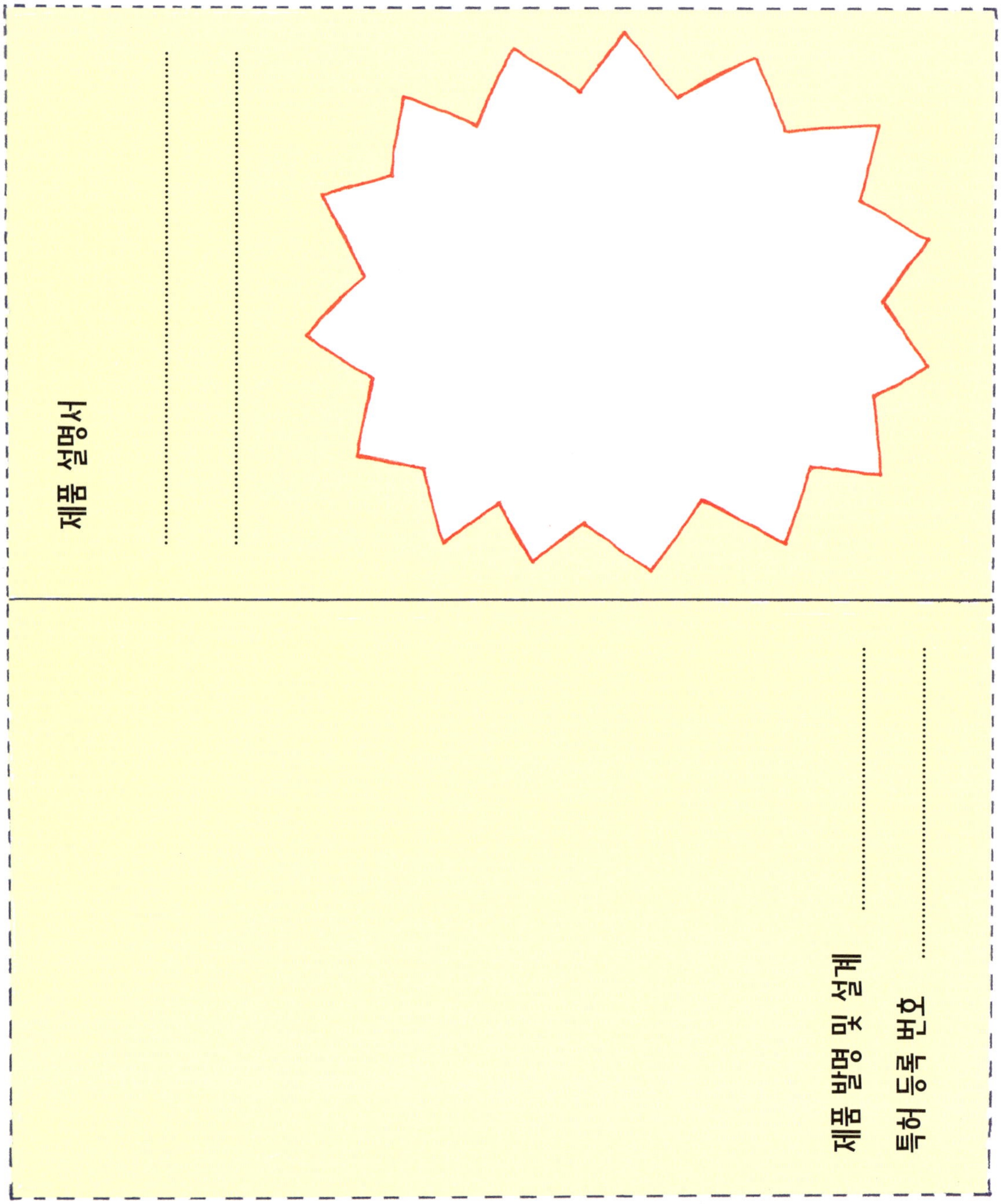

낙서로 발명하기

똑똑 활동!

93~95쪽에 여러 가지 부품의 일부가 그려져 있어요. 마치 낙서 같은 이 그림에 익살스러운 기계 장치들을 덧붙여 나만의 재미있는 발명품을 완성해 보아요. 이름을 붙이고 중요한 부품에 대한 설명도 써 보세요.

정답

38쪽

A. 1985년에 사용하던 무선 호출기. 문자나 숫자만 수신할 수 있는 휴대용 기계로 그 외에 다른 기능은 없어요. 다른 사람의 무선 호출기에 문자를 보내려면, 오퍼레이터에게 전화를 걸어 문자 내용을 알려 줘야 해요. 그러면 오퍼레이터가 문자를 작성해서 무선 호출기로 보내지요. 응급 구조대는 지금도 무선 호출기를 쓰고 있는데, 휴대 전화의 음성보다 문자 신호가 더 정확하기 때문이에요.

B. 1920년대에 사용하던 토스터

C. 1897년에 출시된 세탁기 겸 탈수기. 통 안에 세탁물과 물을 넣고 옆에 달린 손잡이를 돌려 빨래를 해요. 빨래가 끝나면 젖은 세탁물을 위쪽의 두 롤러 사이에 넣은 뒤 빼내면서 물기를 짰답니다.

D. 1998년에 널리 쓰인 휴대용 카세트 플레이어(음악 재생기)

46쪽
순서대로 정확하게 그리면 아래와 같은 그림이 완성돼요.